Conferências de Nossa Senhora de Paris

EXPOSIÇÃO DO DOGMA CATÓLICO

Volume II

Ser, Perfeições, Vida de Deus.

Quaresma de 1874

LORETO EDITORA

cedet.

EXPOSIÇÃO DO DOGMA CATÓLICO

PELO

Rev. Padre Jacques-Marie-Louis Monsabré

VERSÃO PORTUGUESA SOBRE A EDIÇÃO FRANCESA DO

DR. LUIZ MARIA DA SILVA RAMOS

LENTE DE VÉSPERA DA FACULDADE DE TEOLOGIA DA UNIVERSIDADE DE COIMBRA

Projeto Editorial
Jonadabe Rios

Capa
Elisabete Miranda

Revisão
Jonadabe Rios

ISBN 978-65-86730-03-6

Sétima Conferência

O Ser Divino

Sétima Conferência

O Ser Divino

Credo in Deum patrem omnipotentem.

Eminentíssimo Senhor[1], Monsenhor[2], Senhores:

Terminamos o estudo de uma questão fundamental que sustenta o majestoso edifício da verdade: a questão da existência de Deus. Subimos dos efeitos criados à causa suprema, saudando-a com este primeiro grito da fé: — *Credo in Deum.* — Deus existe; verdade certa para todo o espírito capaz de formar este simples raciocínio: — Não há efeitos sem causa. Ora, os seres que povoam o mundo, os seus movimentos, a sua vida, as suas perfeições, a sua disposição maravilhosa, são outros tantos efeitos. Existe, pois, uma causa; a essa causa chamamos Deus.

Deus é; mas o que é? Qual a sua natureza? Quais as suas operações? Qual a sua vida íntima? Qual o ato misterioso mediante o qual produz fora de si todos os seres? Eis, senhores, as questões que se nos apresentam este ano, e que me fazem tremer só com lembrar-me que tenho de as tratar. Parece-me que ouço a voz austera do velho Jó a dizer-me: Que vais tu fazer? Deus é mais alto do que os céus, mais profundo que os abismos. Como é que hás de conhecê-lo.[3] Com a nossa fraqueza mais se compadece a adoração muda do que os hinos temerários. O silêncio é o verdadeiro louvor de Deus.[4] E, todavia, senhores, eu não ficarei

1 V.Em.ª o Cardeal Guibert, Arcebispo de Paris.

2 Mons. Marguerie, antigo Bispo de Autun.

3 *Excelsior cælo est, et quid facies? Profundior inferno, et unde cognosces?* (Jó XI, 8).

4 *Silentium tibi laus.*

silencioso. Não me consente nem a causa do meu Deus nem a vossa causa. A causa do meu Deus, porque sei que conhecê-lo, ainda que imperfeitamente, é incomparavelmente melhor do que conhecer todas as ciências humanas; a vossa causa, porque já que fostes caluniados, quero proporcionar-vos ocasião de uma ilustre vingança. Afirmou-se que, fascinados pela matéria, dedicados aos vossos interesses, impelidos pela onda dos acontecimentos que agitam a nossa vida social, toda a vossa atenção estava concentrada nessas elucubrações fáceis a que chamam atualidades. A exposição do dogma católico era, para vós, espíritos mal preparados, o deserto com toda a sua aridez: teríeis necessidade de um dicionário para compreender a minha palavra, é as suas vibrações sem eco que deviam produzir em vossa alma um tédio mortal. Apesar de tudo isto, empreendi expor-vos o dogma católico, porque tinha confiança em vós: o entusiasmo com que acolhestes a minha palavra, a inteligente atenção com que a escutastes, é a vossa mais bela vingança. Avante, senhores, e conhecei por experiência, aplicando-vos ao conhecimento de Deus, que os vossos espíritos robustos não temem as ascensões difíceis, que o vosso pensamento tende para as alturas que o aproximam do mundo divino, que este mundo não é para a vossa alma o deserto que a entristece e desalenta, mas a pátria que a consola e anima. Começo por esta questão: O que é o Ser Divino?

Monsenhor,

Eu bem sei quanto é doloroso para a vossa modéstia receber elogios dos homens, ainda mesmo que sejam vossos filhos. Não me atrevo, pois, a felicitar-vos pela recente distinção com que foram galardoados os vossos trabalhos e os vossos merecimentos. Mas pois que devemos reconhecer os benefícios de Deus, uso de um direito sagrado agradecendo-lhe, em nome desta grande assembleia, o ter colocado entre os príncipes de sua Igreja um homem que confere à púrpura o que a púrpura lhe confere a ele: honra por honra. É uma glória para nós, uma graça para toda a Igreja.

I

Bem desejava eu, senhores, definir-vos em poucas palavras o ser divino; mas o Ser Divino é indefinível, como já observei, porque não há inteligência alguma que o compreenda. Em presença da aparição da mesma essência divina, o nosso conceito não lograria exprimir, pela sua própria virtude, o objeto da nossa visão, porque é impossível que o conceito de uma inteligência criada represente a plenitude da perfeição da essência divina.[5] Se um dia tivemos a dita de cantar o verdadeiro e único nome de Deus, é porque esse nome nos foi revelado e não porque nós inventamos. Alguns sábios houve que julgaram ter achado *a priori* a razão constitutiva do ser divino, o atributo próprio e formal donde se derivam os atributos divinos. Para uns é o *ser existente de si*; para outros a *inteligência* ou, antes, a *unidade*. Não se enganaram, porém, aqueles sábios? Que podemos nós afirmar *a priori* de um ser que não vemos? Podemos sequer compreender o que se afirma dele? Por exemplo: esta palavra sublime de Deus a Moisés: *Ego sum qui sum*, eu sou o que sou, não seria porventura o mais profundo dos mistérios, se surpreendesse a nossa inteligência antes de toda a reflexão sobre o ser divino? Aquela palavra é para nós admiravelmente expressiva, mas depois que a meditamos, depois que logramos conhecer, por meio de uma ascensão laboriosa e repleta de emoções, o que deve entender-se por esta palavra: — *Ser*. Não é, em verdade, esta palavra um termo genérico e abstrato, próximo do nada; é, no juízo de um sábio comentador de Platão, a realidade suprema que domina toda a existência atual e possível.[6] Deus nos revelará um dia tudo o que esta realidade

5 *Si intellectus videns Deum per essentiam imponeret nomem rei quam videret, et nominaret mediante conceptione quam de ea haberet, oporteret adhuc quod imponeret plura nomina; quia impossibile est, quod conceptio intellectus creati repraesentet totam perfectionem divinae essentiae (Santo Tomás, in Distinet., 2. Q. 1. 1, a. 3).*

6 *Sicut enim ipsum quod dicitur nihil occurrit nobis ut expers omnino essendi, ita esse occurrit ut expers pœnitus non essendi (Marsile Ficin, Theologia Platonica, XII, 7).*

contém; mas enquanto não chega esse dia, devemos percorrer humildemente os caminhos que a Providência misericordiosa pôs ao alcance da nossa fraqueza.[7]

Quais são esses caminhos? Já vo-los indiquei, senhores, e já, felizmente, nos levaram à afirmação certa de uma causa primária. Hoje procuraremos saber qual é esta causa; e já que não temos a sua intuição, procederemos sempre por indução e partiremos deste princípio: — Tudo o que existe nos efeitos deve existir, de um modo superior, na causa, e muito mais quando esta causa é primária, universal e total; — o que quer dizer: subimos, pelas criaturas, até Deus. Afirmamos de Deus em grau eminente tudo o que tem a razão de ser nas criaturas, negamos de Deus toda a imperfeição e todo o limite do ser. Afirmamos, mas sobretudo negamos; a negação é mais segura e mais digna do ser divino.[8] Afirmando, ficamos sempre aquém da inacessível majestade de Deus; negando, desembaraçamo-la de tudo que a poderia apoucar, e cobrimo-la com um véu misterioso que mais a engrandece aos nossos olhos. Foi por isso que os cantores das perfeições divinas quiseram sempre que o espírito humano procedesse, na definição daquelas perfeições, por afirmações discretas, determinadas e reguladas por negações respeitosas.

Obedeço, senhores, a esta norma proclamada pelo meus mestres; e, considerando que as criaturas são alguma coisa, que todas elas possuem uma certa perfeição regulada por quatro grandes múltiplos: o espaço, o movimento, o tempo, o número,

---

7 *Tam clementer Deus consuluit humanae infirmitati, ut quia eum, sicuti est, non possumus agnoscere, nostrae locutionis more seipsum insinuare velit: Quatenus ad sua per nostra nos traheret; et dum conscendit, per pietatem, nostrae infirmitati, ascendamus nos per intelligentiae paritatem ad illum, secundum suae donum gratiae. (Alcuinus, 2, lib. de Trinitate).*

8 *Est autem via remotionis utendum, praecipue in consideratione divinae substantiae. Nam divina substantia omnem formam, quam intellectus noster attingit, sua immensitate excedit; et sic ipsam apprehendere non possumus cognoscendo quid est, sed aliqualem ejus habemus notitiam cognoscendo quid non est. Tanto enim ejus notitiae magis appropinquamus, quanto plura per intellectum nostrum ab eo poterimus removere; tanto enim unumquodque perfectius cognoscimus, quanto differentias ejus ad alia plenius intuemur; habet enim res unaquaeque in seipsa esse proprium ab omnibus aliis distinctum. (Summ. Cont. Gent., lib. I, cap. XIV).*

pergunto a mim mesmo, em razão daquele ser, em razão daquelas perfeições e em razão destes múltiplos, o que é o ser divino? E, primeiramente, senhores, as criaturas existem; é um fato evidente. Não é, porém, menos evidente: que as criaturas nos levam, de causa em causa, até a origem do ser, porque nenhuma criatura tem em si a razão da sua existência. Posso afirmar da origem do ser o que afirmo das criaturas? As criaturas existem; houve, porém, um tempo em que não existiam; as criaturas existem, mas, se a origem tivera retido no seio de si mesma as ondas do ser, as criaturas não existiriam; as criaturas existem, mas receberam toda a razão do ser que possuem, e atualmente deixariam de ser se deixassem de receber. Pelo contrário, a fonte nada recebe, a fonte não pode deixar de ser, pois sem ela nada existiria, a fonte não tem fonte, o princípio não tem princípio, o autor primário não tem autor; a fonte é fonte de si, o princípio é princípio de si, o autor primário é autor de si.

Ah! Meu Deus! Começo a compreender, à luz deste primeiro clarão, a bela palavra que Vós dissestes a Moisés: *Ego sum qui sum*. Vós sois por Vós mesmo,[9] ao passo que as criaturas existem por Vós; Vós sois acima de todo o ser,[10] e as criaturas, por grandes que sejam, existem sempre infinitamente abaixo de Vós; Vós sois o imenso oceano do ser,[11] e a criatura é apenas o tênue vapor da nuvem saída do vosso seio sem nada diminuir a sua plenitude; Vós sois, segundo a enérgica expressão de Santo Agostinho, o Ser verdadeiro, o Ser sem mistura de não-ser, o Ser de origem, *esse verum, esse sincerum, esse germanum*,[12] e não vejo mais do que o nada nas extremidades do ser emprestados às criaturas. Enfim, a vossa essência é ser o mesmo ser; Vós sois aquele que é, e considerando a significação desta palavra — ser — quando vo-la aplico, sinto-me impelido a dizer com uma alma tão grande como santa: — "A criatura é o que não é" — porque, será porventura

9 Deus é chamado pelos platônicos αὐτογένητος χαι αυτοπάπωρ.

10 Quando os filósofos platônicos e os Padres gregos afirmavam de Deus que está acima do ser τὸ ὸν ὑπέρ τό εἰναὶ, inventaram falar do nosso ser participado.

11 πέλαγος τῆς οὐσίας. (Greg. Nazienz., Orat., 38).

12 Lib. I, De Fide Symbolo.

existir realmente o existir por outro e haver sempre necessidade deste outro que nos sustente a existência?

Deus é por si mesmo, porque é o primeiro ser; mas, ainda outra vez, o que é Deus? Não imagineis, senhores, que é uma vasta composição de todas as existências; o ser primário deve ser simples, precisamente porque é primário. Nada o precede, é causa de tudo; não pode deixar de ser, pois que tudo depende dele; o composto, pelo contrário, é fatalmente posterior às partes que o compõe e dependente da sua natureza e disposição. Se o composto logra ser uma só coisa, é porque os diversos elementos que o constituem tendem à unidade e a realizam mediante uma força superior e antecedente, dominadora do movimento a da ordem. Numa palavra, o composto pode não ser.[13] Repugna, pois, que a causa primária seja matéria. E, demais, a ínfima coisa na escala dos seres não pode aspirar às honras da primazia. Por muito grande, e muito precioso, e muito belo que seja, o corpo é vil se o comparo à força misteriosa que sinto em mim mesmo, força ativa e indivisível sem a qual o corpo humano, que é o mais admirável e magnífico de todos os corpos, vê dissolverem-se as maravilhas do seu organismo. Que faríeis vós, órgãos do meu corpo, se o meu espírito não vos comunicasse a cada instante o movimento que vos anima? Como respirarias tu, ó meu peito, se o meu espírito não abrisse as portas por onde o ar se precipita? Onde irias tu, ó meu sangue, se o meu espírito não te guiasse por todos os caminhos do labirinto onde as tuas ondas de púrpura nunca se perdem? Como veríeis vós, olhos meus, se o meu espírito não sustentasse a claridade dos vossos espelhos móveis e não se apoderasse das imagens que refletem? Como falarias tu, ó minha língua, se o meu espírito não preparasse as palavras que deves pronunciar e não dirigisse todos os teus movimentos? Ah! Pobre corpo, tu nada és sem o meu espírito. Se te abandona, cairás miseravelmente; os teus membros lívidos e rígidos tornam-se objeto de horror decompondo-se; todo ele se reduz a pó árido e mirrado.

---

13 Cf. Summ. Theol., I, p. quaest. 3. a. 7.

Logo, senhores, o espírito é primeiro em relação ao corpo, e, por conseguinte, o ser primário é espírito. *Spiritus est Deus.*

No entanto, a Escritura parece que no-lo representa como uma espécie de gigante invisível que enche o mundo. De tempos em tempos, Deus faz resplandecer a luz da sua face; ouvem-se os seus passos nas campinas floridas do Éden; os seus ouvidos escutam os lamentos da viúva e do órfão, os gemidos e as queixas dos miseráveis, as orações dos povos angustiados; os seus olhos penetrantes veem o que se passa nas sombras da noite, as profundezas dos abismos e os impenetráveis arcanos da consciência humana; a sua voz poderosa abala o deserto, derruba os cedros, espanta o ímpio, chama as estrelas pelo seu nome, e as estrelas respondem-lhe: — Eis-nos aqui; a sua destra formidável persegue o pecador, despede contra ele ardentes frechas e derrama sobre a sua cabeça rebelde o cálice da amargura que os seus crimes provocaram; a sua majestade santíssima percorre o mundo sobre o carro da tempestade, onde repousa sobre um trono de luz.

Por que todas estas pinturas parecem levar até ao antropomorfismo as nossas concepções sobre a divindade? Será menos perfeito que o livro da razão o livro da fé? Assim se disse, senhores, mas não o acrediteis. Por piedade para com a nossa fraqueza, Deus fez-se pequeno na Escritura, a fim de se tornar compreensível às nossas pobres faculdades. A sua bondade, sempre terna, manifestou-se, por meio de figuras, aos nossos sentidos e à nossa imaginação. Que quereis? Somos constituídos assim: os sentidos e a imaginação querem ter uma parte proporcional nos mais altos conhecimentos. Pois deixemos que se espraiam nas aparições e imagens que nos distanciariam da verdade, se nos ativéssemos exclusivamente a elas, e prestemos toda a nossa atenção à palavra que se dirige à nossa inteligência.

A Escritura fala, com efeito, à nossa inteligência, e tem o cuidado de nos prevenir contra as ideias grosseiras que poderiam nascer das figuras que emprega, para representar à nossa imaginação os atributos divinos. Ensina-nos a Escritura que Deus é, de todos os seres, o mais oculto, o mais independente, o mais incompreensível quanto à sua natureza; ensina ainda que nada há que possa comparar-se-lhe nem sobre a terra nem nos céus; ensina, alfim, que o devemos adorar em espírito, porque só assim é que nos podemos aproximar da verdade.[14] Ora, a verdade do ser divino, é que é espírito, unicamente espírito. *Deus spiritus est.* A matéria, por mais sutil e etérea que a suponhamos, adicionada a este espírito, é uma coisa secundária; e em Deus não há nada secundário, é primeiro e absolutamente primário. Logo, é puro espírito. São estes os termos de que, se bem vos lembrais, vos servistes na vossa infância para definir o ser de Deus. Exprimíeis, então, sem o cogitardes, uma filosofia transcendente.[15]

Reflitamos bem, senhores, sobre estas duas palavras — *puro espírito* — e tentemos formar, por meio de deduções sucessivas, a mais alta expressão da simplicidade divina. Diz-se que um espírito é puro, se está absolutamente desprendido, nas suas operações, de todo o contato com a matéria; e, ainda assim, este fato é o *minimum* da sua pureza. Pode ainda haver naquele espírito certas composições que, sem alterar a sua essência, lhe dão um grau inferior na escala dos seres.

E seja exemplo: o espírito pensa, e, contudo, podemos distinguir nele a potência de pensar e o ato de pensar. A potência precede o ato. Este fenômeno revela-se no espírito humano que recebe dos sentidos as imagens e as formas sobre as quais se exercem a sua atividade. A nossa vida intelectual começa pelo sono da potência, e só lentamente é que procede para a perfeição que aumenta à medida que os atos se repetem. Ainda que se afirme da alma do homem que, de algum modo, é todas as coisas, pelo fato da sua aptidão para receber a forma de todas as coisas,[16] é certo que a simples aptidão não é o conhecimento, e, nas nossas operações intelectuais, o tempo separa tão precisamente a potência do ato, a faculdade do conhecimento, que é impossível confundi-los. E se a distinção é evidente, palpável no espírito humano, se

14 *Spiritus est Deus: et eos qui adorant eum, in spiritu et veritate oportet adorare.* (Ev. S. João IV, V, 24).

15 Cf. Summ. Theol., I, p. quaest. 3, aa. 1 et 2.

16 Arist., De Anima, lib. III, text. 3.

assim nos podemos exprimir, isso não vem do que só se opera em união com os sentidos? Separai-o daqueles instrumentos grosseiros aos quais a medida do tempo se impõe fatalmente, tornai-o um puro espírito, podereis distinguir ainda entre a potência e o ato de pensar? Com certeza, senhores, se se trata de um espírito criado. E, na verdade, ainda mesmo que não houvera nenhum intervalo apreciável de tempo entre a existência atual da potência e o ato de pensar, não poderíamos deixar de conceber que a potência é, pelo menos, logicamente anterior ao ato; que pensar é mais perfeito do que simplesmente a potência de pensar; que, por conseguinte, o ato aperfeiçoa a potência e forma com ela uma espécie de composição intelectual. Numa palavra, que o espírito seria mais perfeito se fora o próprio pensamento.[17] O mesmo se pode afirmar do querer e de todas as operações intelectuais.

Apoiado nestes princípios, afirmo, senhores, que Deus é puro espírito, e tal que é impossível admitir nele composição de potência e ato. Se admitirmos esta composição na sua essência, haveria nela um *quid* primeiro, e outro *quid* segundo; o primeiro, a potência, seria menor que o segundo, o ato, em ordem à perfeição. É impossível. Deus é primeiro, absolutamente primeiro, e por isso é primariamente o que é mais perfeito: é ato puro, como tão belamente escreveu Santo Tomás: *Deus est actus purus.*

As inteligências superficiais poderão talvez dizer que me entretenho com vãs sutilezas; mas vós, senhores, reconhecei, nesta profunda análise do ser, o nosso grande e sublime doutor, segui-o, eu vo-lo peço, e, por um derradeiro esforço, penetrai com ele até ao fundo do mistério da simplicidade divina. Todo o ser tem uma essência pela qual é o que é. Esta essência não se confunde com a existência, porque podemos conceber estas duas coisas uma depois da outra. O escultor ideou uma obra-prima. Julgais vós que o artista vai amassar a argila para o modelo de sua obra antes de a contemplar dentro de si? Ainda não começou a obra, e tudo está concluído. A sua alma, entregue aos sublimes tormentos da inspiração, revê-se no seu ideal, combina as linhas,

17 Cf. Summ. Theol., I, p. quaest. 34, aa. 1-4.

os contornos, o plano, a expressão do deus, do herói, da cena, que devem tornar célebre um pedaço de bronze, imortal um pedaço de mármore. A ideia da sua obra-prima precede a sua existência. A ideia é um ato da alma; em relação, porém, com a obra externa que a determina, não é mais do que uma potência. Aplicai, se vos apraz, estas noções a todos os seres criados, quaisquer que sejam, e ficareis convencidos de que a essência é distinta da existência e que, por conseguinte, nenhum ser é a sua essência. A essência, concebida pela causa primária antes de lhe dar a existência, está para a sua existência, como a potência para o ato, e a essência e a existência juntas podem considerar-se como o extremo limite do composto. Ora, o ser divino, senhores, existe, por necessidade da sua natureza, fora deste limite. E se não, dizei-me: com poderíamos conceber em Deus a sua essência antes da sua existência, se Deus é o ser absolutamente primário? De quem receberia a existência a sua essência, se Deus, fonte de todo o ser, existe por si mesmo? Deus é o ser primário e existe de si, logo, é a sua mesma essência. Eis a última expressão da simplicidade e por meio dela deveis compreender até que ponto Deus é *puro espirito*.[18]

Dir-se-á, talvez, que todas as eliminações nos levam a uma espécie de mônada inacessível, muito semelhante a uma pura abstração. Contesto-o, senhores. Deus é espírito, e, por isso mesmo, substância, não no sentido etimológico desta palavra que nos representa um sujeito oculto sob fenômenos,[19] mas no sentido próprio, naquele assim definido por um controversista dos primeiros séculos: "Diz-se substância o que é sempre de si mesmo, isto é, o que subsiste em si por virtude própria, e isto só a Deus convém perfeitamente."[20]

Em que é que um ser subsistente em si, por uma virtude própria, se parece com uma abstração que não pode subsistir senão num outro ser? Se Deus vos parece um ser abstrato, vazio e

18 Summ. Theol. I, p. q. III, aa. 3, 4, 7.

19 Summ. Theol. I, p. q. III.

20 *Substantia dicitur id quod semper ex sese est: hoc est quod propria intra se virtute subsistit. Quae vis uni et soli Deo competit* (Saebadius. lib. cont. Arium.).

nu, porque neguei d'Ele o que pode cair sob ação dos sentidos, é que não estais habituados a ver sob a negação dos limites do ser a afirmação da sua plenitude. A negação ilude-vos, julgais que se suprimem as águas do oceano quando se alargam as suas praias. Deixai essa ilusão, eu vo-lo peço. A simplicidade não é uma redução, mas uma ampliação do ser divino. Deus é simples, diz Santo Agostinho, porque é tudo o que tem: *Deus ideo simplex dicitur quia quidquid habet loc est.*[21] Trata-se, pois, de saber o que é que Deus tem, isto é, que plenitude de ser possui na sua simplicidade, para responder peremptoriamente à questão que propusemos no começo desta conferência: — O que é o ser divino?

II

A plenitude do ser divino é a sua perfeição, porque um ser é perfeito quando tem a sua plenitude, isto é, quando nada lhe falta para que seja o que deve ser, quando possui no mais alto grau tudo que convém à sua natureza, quando tudo o que nele existe em potência passou a existir em ato.[22] É certo que a perfeição é qualidade própria dos seres criados e aos quais uma força superior deu a última demão. Aplicar a perfeição a Deus é um equívoco; Deus, ser primário e causa primária, nada pode receber: conformemo-nos, pois, com a nossa impotência na presença das coisas divinas, e, pois que não podemos proceder de outro modo, submetamos à tirânica fraqueza da nossa linguagem a inexprimível plenitude do ser divino.[23]

Deus é perfeito. Não pode deixar de sê-lo, pois que é d'Ele, como vimos, que deriva tudo o que é; e ainda que eu não possa dizer o que Deus é em si mesmo, tenho necessidade de lhe atribuir todas as perfeições existentes e possíveis. Deus é perfeito, e, como ser primário, é perfeito num grau eminente e soberano,

---

21 S. Aug. Lib. II, De Civt. Dei, cap. X.

22 Cf. Summ. Theol., I, p. quaest. 4. q. 1.

23 *Neque enim quod factum non est proprie dicitur esse perfectum, sed ejus plenitudinem per quandam angustiam nostrae locutionis exprimimus* (S. Greg. Pap., lib. XXII, Moralium, cap. XI).

isto é, senhores, possui eminente e soberanamente a bondade, a beleza, a beatitude, porque é nisto que consiste a perfeição dos seres criados.

Possuem todo o seu bem os astros soberbos que percorrem a extensão do firmamento, e revelam-me esse bem no esplendor da sua luz e na regularidade harmônica dos seus movimentos. Possui todo o seu bem a terra que me sustenta, e revela-me este bem na imensa variedade das suas galas e na prodigiosa fecundidade do seu seio. Possui todo o seu bem o largo e profundo oceano, e revela-me esse bem na majestade das suas ondas, no poder das suas tempestades e no benéfico influxo das suas emanações que sobem aos céus para irem, impelidas pelas brisas, refrigerar a terra fatigada. Possui todo o seu bem a encantadora flor das campinas, dos prados e dos jardins, e revela-me esse bem na originalidade do seu desenho, na graça das suas formas, na transparência ou aveludado do seu frágil vestido, nos delicados cambiantes ou na vivacidade das suas cores e nos castos amores que a fecundam. Possui todo o seu bem o humilde grão no qual se concentram os pacientes esforços da planta, e, se ela mo esconde, eu o descubro no seu gérmen, onde vejo imensas sementes, douradas messes, espessos bosques. Possui todo o seu bem o feroz animal que domestiquei, e revela-me esse bem nas linhas altivas do seu corpo, na flexibilidade e impetuosidade dos seus movimentos, no ardor da sua coragem e na fidelidade dos seus serviços. Possui, é verdade, todo o seu bem, e, pelo instinto, goza-o; mas este gozo, fugitivo como sensação, não pode dizer-se, em rigor, a felicidade.

Assim, pois, todos estes bens do céu, da terra e dos seres vivos, todos estes bens que brilham e resplandecem, todos estes bens, cuja beleza contemplo, não têm a beatitude que é como que a sua coroa nos seres que os possuem. Por que é isto, senhores? Ah! Por quê? Porque todos estes bens foram criados para vós, porque os deveis converter em bem próprio conhecendo-os, e convertê-los em elementos eficazes do desenvolvimento de vossa existência. Tendes em vós um bem superior a todos os bens da natureza,[24] o vosso corpo gravita, vegeta e vive de um modo mais perfeito do que todos os corpos. Mas o vosso corpo é nada em comparação da vossa alma, mundo imaterial onde podem viver todos os seres inferiores sob uma forma a mais pura, a mais elevada, a mais inalterável: a ideia. A alma apreende o mundo, transforma-o, torna-o participante da sua dignidade e eleva-o com ela até às esferas sem limites das coisas eternas. Aqui, a alma vê o invisível e regula livremente a sua vida, mediante as leis imutáveis do verdadeiro, do honesto, do justo e do santo. Como é bela a alma quando, inundada com os esplendores da ciência e da virtude, aspira ao descanso final de todas as suas faculdades! Se a pudéssemos ver, diz Platão, ficaríamos tão arrebatados, que os mais belos espetáculos da natureza não lograriam distrair-nos da contemplação de nós mesmos. Quando a alma do sábio deixa passar, através do véu móbil que a envolve, um reflexo da sua perfeição, contemplamos nesse sábio o diadema de sua realeza tão arrebatadora, que não passam de belezas vulgares as belezas do céu e da terra comparadas com a sua. Essa fronte larga e serena, esses olhos doces e profundos, essa boca onde a bondade sorri, essa fisionomia tranquila que as paixões domadas não anuviam, essa palavra grave e suave como uma harmonia celeste, tudo nos revela a ordem de uma grande alma, onde a ciência, a sabedoria, a força, a justiça, o amor, a benevolência, a misericórdia, todas as virtudes, enfim, vivem na régia paz da santidade, esperando a sua plenitude. O santo não está ainda beatificado, mas o gozo da sua santidade é um penhor seguro da sua beatitude.

Bem o vedes, senhores, a criatura possui o seu bem, o esplendor do seu bem, o gozo do seu bem, a sua bondade, a sua beleza, a sua beatitude: a sua perfeição enfim. É necessário que contemple todas estas coisas em Deus no estado em que devem preexistir na sua causa primária e universal. Pois que! Encontro na luz, reprodutora das belezas da natureza, todas as cores e as suas cambiantes infinitas, e não hei de encontrar em Deus todas

24 *Natura cognoscens habet majorem amplitudinem et extensionem* (S. Th. Summ. Theol., I, p. quaest. 14, a. 1).

as perfeições que produziu? Observo que nos seres superiores da criação se concentram de um modo eminente os bens de um mundo superior que aqueles seres não produziram, e não há de existir no seio do Criador, do Ser que é de si e por si, a plenitude de todos os bens? Onde iria eu procurá-los se não existissem em Deus? Deus é bom, Deus é belo, Deus é feliz, Deus é perfeito! E é tudo isto eminentemente, porque todas as perfeições derramadas nas criaturas perdem no Criador a sua forma específica para assumirem a forma divina; é soberanamente bom, e belo, e perfeito, porque todas as perfeições simples existem nele de modo absolutamente conforme com a mais alta pureza do seu conceito.

Se, pois, no mundo há grandeza e majestade, existem em Deus; se vida e fecundidade, existem em Deus; se inteligência, ciência, sabedoria, existem em Deus; se poder e liberdade, existem em Deus; se justiça, caridade, benevolência, misericórdia, existem em Deus; em Deus existem todos os bens imaginários, perfeitos no seu conjunto e ainda perfeitos no pleno e absoluto conceito de bem e perfeição.[25]

Que ordem admirável! Que esplendor de ordem! Que beleza em todos estes bens! Penetram-se mutuamente no mesmo ser, porque são um só ato; nenhum deles se desenvolve em detrimento do outro, como sucede nas criaturas; na sua mesma origem, esses bens são a mesma perfeição. A atividade fecunda concilia-se com o repouso majestoso, a liberdade com a imutabilidade, a justiça com a misericórdia, a força com benignidade, a amorosa efusão com a constante e inesgotável plenitude. Espetáculo grandioso em presença do qual cantaremos eternamente: Santo, Santo, Santo é o Senhor. É Santo, porque não há máculas na sua beleza; Santo, porque a ordem admirável, esplendor daquela beleza, é firmada em leis imutáveis; Santo, porque, arrebatado pelo brilho da sua glória, ama-a imensamente mais do que o poderia ser por todos os seres da criação.

---

25 Os Santos Padres chamam Deus ipsum bonum, αὐτοαγαθότης. São João Damasceno, ὁ ἀγαθός, καὶ πανάγαθος, καὶ ὑπεράγαθος Θεος, ὁ ὅλος ὤν ἀγαθότης. *Bonus et omnibonus et superbonus. Totus existens bonitas.* Cf. Summ. Theol., I, p. quaest. 5, aa. 1-3.

Santidade do meu Deus, vós não sois, não podeis ser apenas o penhor de uma felicidade que há de realizar-se. Deus conhece perfeitamente todos os bens de que sois a plenitude e o esplendor, e porque os conhece tanto basta para que os goze perfeitamente, para que seja feliz.[26]

Deus é bom, é belo, é feliz; Dele procede o bem que possuímos, porque Deus, diz Santo Agostinho, é o bem de todo o bem, *bonum omnis boni.*

Toda a criatura é boa, bela e feliz, porque nela se reflete a bondade, a beleza e a beatitude de Deus. Não há átomo, nem movimento, nem forma, nem poder, seja qual for a sua ordem, que não deva a sua existência ao ato divino, mediante o qual o eterno exemplar se converteu em realidade. Não existe ser real em que não se reflita a imagem de Deus; e, apesar da imensa variedade de bens de que o mundo está cheio, é rigorosamente verdade o dizer-se que não há mais do que um bem: o bem de Deus. Manifestam o bem de Deus os astros que giram no espaço, a flor que entreabre as pétalas, o nosso corpo e a nossa alma. A tendência para a perfeição é informada pelo apetite do bem de Deus, porque só Deus pode elevar ao supremo grau de perfeição aquilo que criou. O bem de Deus é o grande foco de perfeição que se irradia para as criaturas; a perfeição das criaturas é uma tentativa para reproduzirem em si a imutável beleza do seu criador. Enfim, o gozo eterno a que aspiram os seres suscetíveis de felicidade não tem outro objeto senão a beatitude do próprio Deus.[27]

Deus é bom, é belo, é feliz, é a bondade, a beleza e a beatitude de toda a criatura. Agora, senhores, procurai o nome que convém à sua perfeição. Pela minha parte chamar-lhe-ei eminente, soberana, e vós supondes talvez, que esta perfeição, se bem que exceda a perfeição total do universo, tem, contudo, um limite. É um erro grosseiro. A perfeição divina é sem limites. Se a imperfeição da nossa linguagem não nos deixa defini-la com os termos que lhe são próprios, tentemos ao menos formar dela um concei-

26 Cf. Summ. Theol., I, p. quaest. 26, a. 1.

27 Cf. Summ. Theol., I, p. quaest. 6, a. 4, quaest. 26, a. 3.

to mais elevado negando-lhe os grandes múltiplos que limitam a perfeição das criaturas: o espaço, o movimento, o tempo, o número.

A perfeição geral do mundo visível está circunscrita pelo espaço, onde cada ser, seja qual for a extensão de sua substância e da sua ação, ocupa um lugar determinado que não pode pertencer a outro. Daqui uma divisão, em certo modo, infinita. Estará sujeita a esta divisão a perfeição divina? É certo, senhores, que a perfeição de Deus enche os céus e a terra: *Nonne coelum et terram ego repleo, dicit Dominus?*[28] "Se me elevo até as alturas do firmamento, diz o profeta, aí estás, ó meu Deus; se desço ao fundo dos abismos, aí vos encontro; se desfiro um voo e percorro, como a ave, a imensa extensão dos mares, é a tua destra que me conduz."[29] Deus está em toda a parte. Todos os seres têm necessidade dele, todos o proclamam. É necessário que Deus os governe, que os veja, que lhes conserve a existência. Se Deus retirasse a sua ação de sobre os mundos, as tendências para o bem não teriam objeto, nem a ordem e harmonia do universo teriam regulador, desapareceria a unidade e a beleza, o ser aniquilar-se-ia; nada existiria. Deus está em toda a parte, mas não se divide com o lugar; não existe aqui uma parte da perfeição divina, acolá outra; do mesmo modo que a minha alma está toda no corpo e em qualquer parte do corpo que ela informa, o ser simples de Deus está todo onde quer que atue e atua em todas, ainda as mais íntimas, divisões do espaço. Deus está em toda a parte, mas não sai de si mesmo.[30] Não são os espaços que o contêm, é ele que contém todas as coisas,[31] e em lugar de dizer que Deus está em *toda a parte*, talvez seria melhor dizer com os antigos que o por toda a parte é Ele mesmo,

---

28 Jr XXIII, 24.

29 *Si ascendero in coelum tu illic est, si descendero in infernum ades. Si sumpsero pennas meas diluculo, et habitavero in extremis maris: et enim manus tua deducet me: et tenebit me dextera tua* (Sl CXXXVIII).

30 *Perstat in sese erectum et stabile lumen divinum et tamen omnia penetrat; percurrit omnia; a seipso autem nunquam excurrit* (Jamblique de myster. et provident.).

31 *Omnia in Deo, Deus in semetipso* (Hilarius, De Trinit., lib. III, 31). *Quomodo ubique si in seipso? Ubique scilicet, quia nusquam est absens; in seipso autem, quia non cotinetur ab eis quibus est praesens, tanquam sine eis esse non possit* (Aug. Epist., 187).

ipsum ubique.[32] Se não compreendemos este mistério, ao menos sabemos com certeza que deve ser assim.[33] A perfeição de Deus é imensa, imensa em todo o espaço real e possível, imensa em cada ponto indivisível do espaço.[34]

A imensidão supõe a presença íntima de Deus em todas as coisas. Tudo vive, tudo se move e existe em Deus, diz o Apóstolo, *in ipso enim vivimus movemur et sumus.* Entretanto, senhores, os movimentos que incessantemente se realizam nas criaturas em nada perturbam a suprema perfeição de Deus que é imutável. Os astros do firmamento descrevem as suas órbitas, as plantas germinam, crescem, nutrem-se e fenecem; a vida animal, depois de ter alcançado laboriosamente a plenitude do seu desenvolvimento, cai sob os golpes inexoráveis da velhice e da morte. A nossa alma, substancialmente inalterável, é a vítima perpétua da sua própria inconstância, e no mesmo momento em que se julga mais firme na ciência e virtude que adquiriu e que não quer perder, um movimento de vaidade a tentar subjugar, malgrado seu, ao seu império, *omnis creatura vanilati subjecta est non volens.*[35]

Os próprios céus gastam-se nas suas evoluções, e dia virá em que se rasgarão como um vestido usado pelos anos. A natureza inteira brada: — Tudo passa —; mais forte do que este brado da natureza é a voz do meu grande Deus que proclama a sua imutabilidade. "Eu sou o Senhor, diz, e não mudo. *Ego Dominus et non mutor.*[36] E por que havia de mudar? Deus é por si mesmo, quer ser o que é, não pode querer outra coisa. Pode Ele aspirar a maior perfeição? Mas Ele é o ser perfeito, é necessariamente e sempre ser, e, por isso, necessariamente e sempre a suprema perfeição. Poderá haver em Deus mais ou menos no seu ser? E se é Ele o primeiro motor, como poderá mudar em seu movimento

---

32 *Deus minus est ubique quam ipsum ubique.*

33 *Quod Deus ubique sit scimus; quomodo autem, nondum intelligimus* (Joan. Chrysost, in Epist. ad Heb. homil. II, n. 1).

34 Cf. Summ. Theol., I, p. quaest. 8, aa. 1-4.

35 Rm VIII, 20.

36 Ml III, 6.

imutável?[37] Não, meu Deus, não, Vós não mudais, ainda que mudais todas as coisas. "Sois sempre o mesmo, e os vossos anos não têm ocaso, *tu autem idem ipse es et anni tui non dificient.*"[38]

Mas que digo eu, senhores? Em Deus não há anos. A sua perfeição é eterna. O tempo mede a vida das criaturas; começam e acabam, e, entre o seu começo e o seu fim, o número, diz Santo Tomás, move-se de um termo a outro. Ainda que imaginássemos uma duração indefinida no futuro e no passado das criaturas, seria sempre necessário dividi-la pelo número e pelo movimento. Ora, o número e o movimento não convêm ao ser imutável, a composição de lembrança e expectativa é incompatível com a simplicidade perfeita. Deus, imutável e simples, é, pois, eterno, isto é, não há nele passado que já não existe, nem futuro que não existe ainda; Deus não foi, nem será. — É.[39] — "Oh! Meu Deus, exclama Santo Agostinho, nos teus anos não há sucessão: os que vêm não sucedem aos que passam, porque nunca passam. São um dia único; são hoje sem ontem nem amanhã, e este hoje é a eternidade."[40] A eternidade! Não uma linha cujos pontos se seguem sempre, não a existência gota a gota e sem fim; mas a plenitude num só ponto que compreende simultaneamente todas as linhas da duração sem que a possam atravessar; "a posse total, simultânea e perfeita de uma vida interminável. *Interminabilis vitae tota simul et perfecta possessio.*"[41]

Imaginai agora, senhores, se podeis, um ser criado fora do espaço, do movimento e do tempo. Julgais porventura que tal ser não está sujeito a medida alguma? Não, está fatalmente sujeito ao número que determina os limites da sua natureza. A sua natureza é um número; é finito. Exagerai, tanto quanto vos aprouver, a

---

37 Cf. Summ. Theol., I, p. quaest. 9, aa. 1 et 2.

38 Sl CI.

39 *Nihil est in Deo praeteritum, quasi non sit, nihil futurum quasi nondum sit; neque enim in Deo est, nisi est, non autem fuit, aut erit* (S. Aug., in Psalm. 101).

40 *Anni tui nec eunt, nec veniunt; anni tui omnes simul stant, nec euntes a venientibus excluduntur, quia non transeunt. Anni tui dies unus: et dies tuus non quotidie, sed hodie, quia hodiernus tuus non cedit cratino, neque succedit hesterno: hodiernus tuus aeternitas* (S. Aug., lib. XI, Confes., cap. XIII).

41 Boecio. Cf. Summ. Theol., I, p. quaest. 10. aa. 1-5.

sua perfeição, passai da esfera das realidades à esfera do possível, multiplicai as potências pelas potências, procurai uma fórmula que exprima o resultado das vossas operações; este resultado é um número. Nunca lograreis sair do finito senão por um ato de transcendência que negará todo o limite. Ora, é impossível negar todo o limite de um ser criado, pois que a criação é o primeiro limite. A negação de todo o princípio limitativo só pertence àquele que existe por si mesmo; só a ele pertence, como ser primário, a plenitude da perfeição além dos abismos onde se movem os números; só o bem supremo é que não está sujeito a aumento ou diminuição; só Deus é ser infinito.[42]

Deus é infinito, e, no entanto, eu tentei determinar a sua perfeição. Que temeridade a minha, e que justo castigo da minha temeridade ter encontrado no fim das minhas investigações esta palavra terrível: *infinito!* Indiquei a bondade, a beleza, a beatitude, a grandeza, a majestade, a vida, a fecundidade, a inteligência, a ciência, a sabedoria, o poder, a liberdade, a justiça, o amor, benevolência, a misericórdia; mas quantas outras perfeições deixei de enumerar! São infinitas, e cada uma delas pode manifestar-se de infinitos modos. *Infinitis modis, infinities, in infinitis perfectionibus infinitus est Deus.*[43]

Ah! O meu espírito se abisma nesta multiplicidade imensa; e se me repugnava considerar a simplicidade divina como pura mônada abstrata, igualmente me repugna admitir nela o número e a divisão. É necessário que firmemos a nossa crença, e para isto basta uma só palavra: Deus é uno. É uno, não como a unidade que se ajunta a si mesma para formar o número, não como o número composto que se pode dividir em todas as suas unidades; é a unidade incomunicável e indivisível, mas plena duma multiplicidade infinita. As suas perfeições, sem número, mas distintas pela sua razão formal e pelo seu conceito, penetram-se realmente e não formam senão uma perfeição que é idêntica ao mesmo ser divino. "Deus é tudo o que possui; ter e ser não são, em Deus,

42 Cf. Summ. Theol., I, p. quaest. 8. a. 1.
43 Caetano.

duas coisas diferentes: *Deus hoc est quod habet; non est in eo aliud esse et aliud habere.*[44] Assim o exige a sua natureza de primeiro princípio que é absolutamente simples, ato puro. Deus é, pois, não somente o bem de todo o bem, a beleza de toda beleza, a beatitude de toda a beatitude, a perfeição de toda a perfeição; mas é a sua bondade, a sua beleza, a sua beatitude, a sua inteligência, a sua vida, a sua ciência, a sua justiça, a sua santidade; é a sua perfeição.[45] "Enfim, diz S. Bernardo, Deus é um omnimodamente; é a unidade por excelência e por essência. Procurai unidades no mundo, e comparai-as com o ser divino, não encontrareis uma só unidade da qual se possa dizer: Eis a unidade."[46]

Ó meu Deus! Para vos conhecer, parti da vossa simplicidade; a ela volto para não me perder na vossa plenitude. Que nome vos darei? Quereria dar-vos um que, sem vos igualar, porque isto é impossível, pudesse resumir tudo o que admiro em vós. Chamar-vos-ei o bom, o justo, o santo, o imutável, o eterno, o infinito? Mas estes nomes unicamente me representam um só aspecto das perfeições que investiguei. Direi que sois a plenitude infinita na perfeita simplicidade? Mas tudo isto se exprime numa só palavra: *unidade*. Deverei exclamar com os filósofos de uma escola célebre: "Eu vos saúdo, ó unidade?" Mas vós sois uno precisamente porque sois o mesmo ser, e eis-me novamente em presença da vossa palavra sublime: *Ego sum qui sum*: Eu sou o que sou.[47]

---

44 S. Greg. Mag., Moral., lib. XVI, cap. XLIII.

45 O Bom e o belo confundem-se nesta causa que tudo resume em sua poderosa unidade, e distinguem-se, pelo contrário, nos demais seres em alguma coisa que se recebe e em alguma coisa que é recebida. Eis por que no finito chamamos belo o que participa da beleza, e o chamamos beleza o vestígio impresso sobre a criatura pelo princípio que faz todas as coisas belas. Chamamos, porém, ao infinito a beleza, porque todos os seres, cada um a seu modo, recebem d'Ele a sua beleza (S. Diniz, Nomes Divinos, c. IV, n. 7).

46 *Est unus Deus, et quomodo aliud nihil. Si dici possit unissimus est... Nihil in se nisi se habet Deus. Compara huic uni omne quod unum dici potest, et unum non erit* (S. Bernar., de considerat. V, 7). Cf. Summ. Theol., I, p. quaest. 11, aa. 1-4.

47 *"O Summe, optime, pulcherrime, et fortissime, invisibilia omnia videns, immutabilis omnia mutans, semper agens, semper quietus. Magnus sine quantitate et ideo immensus bonus es sine qualitate, et ideo vere et summe bonus, et nemo bonus nisi tu solus: cujus voluntas est opus, cujus velle posse est... Qui vere es quod es et non mutaris, cui maxime*

Agora mais do que nunca me convenço, ó meu Deus, da minha impotência para vos definir. Permiti, pois, que corrija a temeridade das minhas afirmações com essas supremas negações! Ó Ser! Ninguém vos conhece tal como sois: multiplicamos as palavras para vos definir, e a nossa definição é sempre inadequada e imperfeita. Vós não sois nada do que é, nada do que não é: sois o invisível, o impenetrável, o incompreensível, o indefinível, o inefável.[48] A minha alma cheia de temor vos adora na santa obscuridade que a envolve, esperando que vós lhe deis assaz perfeição para vos contemplar e cantar-vos eternamente, ó Ser Divino.

---

convenit quod Latini dicunt ENS" (S. Aug., Medit., cap. XIX). Cf. Summ. Theol. I. quest. 13 a 11.

48 S. Diniz, cap. III e IV, da Théologie mystique.

Oitava Conferência

A Inteligência Divina

Oitava Conferência

A Inteligência Divina

Eminentíssimo Senhor, Monsenhor,[49] meus Senhores:

O Ser divino, cuja plenitude infinita na simplicidade perfeita já admiramos, não pode ser inerte; opera dentro de si mesmo, porque é o primeiro e o mais perfeito de todos os seres vivos; opera fora de si, porque é a causa universal de tudo que existe. Depois de ter estudado o Ser divino, diz Santo Tomás, é necessário estudar as suas operações.[50] Ora, a primeira que se oferece às nossas considerações é a operação intelectual. — Deus é inteligente. Não me demorarei muito em vo-lo demonstrar. Senhores, a inteligência divina é uma verdade que se deduz claramente do que temos dito até aqui. E, na verdade, é manifesto que o princípio de todas as coisas, o criador da ordem, não pode atuar sem uma ideia que predetermine a natureza de cada um dos seres, sem um desígnio que realize a unidade na imensa variedade dos mesmos seres: a ideia, o desígnio, são atos próprios da inteligência. Por outra parte, notamos, na escala graduada das perfeições criadas, que a inteligência avulta entre todas. É, logo, evidente, pois que Deus possui todas as perfeições em grau eminente e soberano, que deve ser eminente e soberanamente inteligente. A matéria, por isso que é o mais restrito de todos os princípios limitativos, não pode ter outra forma senão a que lhe é própria; pelo contrário, o espírito, essencialmente imaterial, abre-se indefinidamente e deixa penetrar em si, como numa indivisível imensidade, todos

49 Mons. De la Bouillerie, coadjutor de Bordeaux.

50 Cf. Summ. Theol., I, quaest. 14, in proe.

os seres sob uma forma inteligível. Tendes a experiência desta augusta faculdade, não é assim? E quando fechais as portas dos vossos sentidos para refletir, e quando as imagens do mundo exterior não entram na vossa alma, a alma vos aparece inundada de luz como o firmamento durante uma noite serena. Eis o sentido deste belo conceito: "A alma é, em certo modo, todas as coisas: *anima est quodam modo omnia.*" — Ora, de certo vos lembrais, senhores, que Deus é espírito ainda mais do que a vossa alma. Deus, diz Santo Tomás, é em condições de simplicidade tais, que ocupa a eminência da imaterialidade, donde se conclui que, pela sua própria natureza, está na eminência do conhecimento, é a suprema inteligência.[51] Os antigos adoravam-no, nos seus mistérios religiosos, sob a forma de um olho brilhante e sempre aberto; os gregos chamavam-lhe *θεος*, o vidente, o contemplador; a Escritura diz que possui a ciência de todas as coisas: *Deus qui habes omnium scientiam.*[52] Esta é a palavra que hoje vamos meditar. A ciência está para a inteligência como o fruto para a árvore que o produziu. A beleza, o perfume, o sabor do fruto revelam a excelência da árvore; a amplitude e a elevação da ciência revelam a excelência da inteligência. E pois que nós queremos conhecer a inteligência de Deus, estudemos a sua ciência, primeiramente no seu objeto, e depois nas propriedades características que a elevam acima de toda a ciência e lhe conferem a suprema perfeição.

I

O que é a ciência, senhores? É o simples conhecimento dos seres particulares que a nossa memória enumera? — Não. — É uma classificação metódica de coisas semelhantes? — Não. — É uma demonstração laboriosa de uma série de fenômenos ligados entre si? — Não. — A ciência é o conhecimento das coisas pelas suas causas, é um ato da inteligência que vê as coisas no princípio que as contêm. Todas as agitações do espírito em torno dos seres

51 Cf. Summ. Theol., I, quaest. 14, a. 1.

52 Est XIV, 14.

particulares e dos fenômenos que neles se realizam, não cessam enquanto não encontram a unidade, e a unidade não é um grupo, uma série, cujo laço não se vê; a unidade é a causa. Se a rejeitais, apenas podeis alcançar noções justapostas; e estas noções, ainda que em número infinito, nunca vos elevarão, sejam quais forem as vossas pretensões, até as honras da ciência. Percorrei a história dos acontecimentos que formam a vida de um povo, estudai todas as minúcias dessa história, conservai de memória as datas precisas, se não vos elevais às causas que produziram aqueles acontecimentos, se não as relacionais com alguma ideia grande ou com alguma grande paixão, podeis ser um erudito, cuja memória eu admiro, mas nunca sereis um sábio. Analisai o corpo humano, decomponde-o desapiedadamente, estudai os seus órgãos, as veias, as fibras, os vasos, os líquidos, as moléculas, os nervos e músculos de que se compõe; se não conheceis o princípio que o anima e que realiza a unidade de tantos elementos diversos, podeis apresentar-me uma nomenclatura bárbara e ininteligível, mas nunca uma ciência. Enfim, sejam quais forem os vossos conhecimentos, deveis, para com eles constituirdes uma ciência, reduzi-los à unidade que existe exclusivamente na causa. É assim que deveis proceder, senhores, e é assim que procedeis apesar dos sistemas e dos preconceitos. Dizem que a ciência não se ocupa das causas, que o seu conteúdo próprio são os fatos e só os fatos, e, não obstante, procurais e quereis algo mais do que fatos. Sem desprezar os trabalhos dos que se aplicam unicamente à observação dos fenômenos, afirmais, e com razão, que aqueles trabalhos seriam completamente estéreis para a ciência, se não foram informados e vivificados pelo conhecimento das causas. Neste fato, obedeceis ao império de uma lei intelectual a que não se podem subtrair aqueles mesmos que, receando encontrar a causa primária e universal, rejeitam sistematicamente as causas secundárias. Conhecem perfeitamente que perderiam o fruto dos seus trabalhos se apenas oferecessem aos seus discípulos e aos ouvintes das suas lucubrações científicas meras noções sem unidade. Impelidos pela necessidade, rejeitando as verdadeiras causas que os levariam ao objeto temido da sua impiedade, inventam causas falsas e, deste modo, criam a falsa ciência. Neste ponto, temo-los surpreendido em flagrante delito de contradição consigo mesmo. Pese sobre eles, como é de justiça, a responsabilidade das suas mentiras perante Deus e os homens: mas, enfim, a sua audácia sacrílega tem alguma utilidade para nós; confirma a nossa definição de ciência, a saber: é o conhecimento das coisas pelas suas causas.

Notai bem, senhores, as consequências desta definição; são soberanamente importantes para o assunto que nos ocupa. Se a ciência depende das causas, é evidente que se eleva como elas. Deve ser objeto duma ciência superior, uma causa superior que liga à sua unidade muitas outras causas; deve ser objeto da mais elevada das ciências, uma causa única e universal que contém em si mesma todas as outras causas. E esta causa única e universal existe; nós a saudamos no termo de todas as nossas investigações através do mundo dos corpos e do mundo dos espíritos: é Deus, o Espírito perfeito.

Ao Espírito perfeito, diz um discípulo de Platão, convém um objeto perfeito; não há outro senão ele mesmo.[53] — Deus conhece-se; conhecendo-se, conhece e sabe tudo. — Eis-aqui, senhores, a fórmula resumida da ciência divina. Desenvolvamo-la.

O homem conhece-se a si mesmo por meio de reflexão e não por meio de intuição; o nosso conhecimento segue uma linha curva que sobe da nossa essência e desce para a nossa essência. Neste trajeto, encontramos as formas inteligíveis que nos representam nós mesmos a nós mesmos. Os atos de pensar, de querer, de viver, não aparecem porventura no homem antes que seja conhecido o espírito de onde dimanam? Conheço a inteligência que projeta para o mundo exterior a luz da alma, por isso que reflito sobre os meus pensamentos; pela reflexão sobre as minhas determinações é que chego ao conhecimento da vontade livre que as produz; pela reflexão sobre os movimentos da minha vida, com-

53 *Quoniam autem prima mens praestantissima est oportet etiam praestantissimum et intelligibile propositum esse; nihil autem seipsa praestantius.* Επεὶ δὲ ὁ πρῶτος νοῦς καλλιστος δεῖ και κάλλιστον αὐτῶ νοητον ὑποχεὶθαι οὐδὲν δὲ ἑαυτου χάλλιον (Alcinous, cap. X).

parados com os movimentos das outras vidas, é que conheço o princípio superior que me anima. É certo que tenho a consciência dos meus atos no próprio momento em que os pratico; mas esta consciência dos meus atos não é o conhecimento do seu princípio. Sinto que sou em mim mesmo, mas não é o sentimento desta posse que me dá conhecimento de mim. Só alcanço este conhecimento quando, por meio da reflexão, atuo sobre a minha essência: "*Omne sciens qui scit essentiam suam, est rediens ad essentiam suam reditione completa.*"[54]

Refletindo sobre a sua essência, o homem conhece-se, mas não se compreende. Conhecer-se, eis um grande privilégio do homem; não compreender, eis a sua grande fraqueza. Sei que sou dotado de inteligência, de vontade livre, de vida superior a todas as vidas que me rodeiam, mas não tenho a intuição íntima da sua substância. Em todos os seres que conhecemos, a substância esconde-se sob os fenômenos. Observo que os sólidos me opõem resistência, que têm forma e cor, que os líquidos cedem à pressão que sobre eles exerço, que os gases se dilatam, que os fluidos são imponderáveis, que os seres vivos são dotados de movimento próprio em virtude do qual se deslocam e desenvolvem; observo ainda as suas evoluções e desenvolvimentos; entretanto, a substância dos sólidos, dos líquidos, dos gases, dos fluidos, dos seres vivos, escapa à ação dos meus sentidos, não a vejo. Por mais que investigue e analise, a substância permanece obstinadamente escondida nas sombras de uma noite impenetrável. Porém, senhores, nem ainda em mim mesmo se manifestará a substância? A minha substância é o meu eu; parece pois que, se alguma coisa há que eu deva compreender, é certamente a minha substância. E, todavia, senhores, eu não compreendo a minha substância. Tenho a consciência dela, conheço-a, sei que é simples e imaterial, e não sei por intuição o que é em si uma substância simples e imaterial.

Há mais; não compreendo as faculdades que a minha substância me revela operando. Se posso determinar-lhes limites, que jamais ultrapassarão, não posso determinar o que aquelas

54 Aristot., de causis, prop. 15.

faculdades podem produzir no estreito círculo da sua atividade: não sei que pensamentos posso formar, que determinações posso tomar, por que movimento se há de manifestar a minha vida. Se ouso prever e preordenar algumas ações minhas, vem o imprevisto e transtorna meus desígnios, empana a minha inteligência, dobra a minha vontade e lança a perturbação na minha vida. Uma só coisa compreendo, é que não me compreendo. Se me compreendera, conheceria toda a minha impotência e fraqueza, nada me surpreenderia, nada turbaria a paz do meu espírito, nada desconcertaria a disposição dos meus planos.

Eis, pois, o que eu sou, ó meu Deus! — Muito grande para me conhecer, muito pequeno para me compreender. De mim dissestes vós que fui criado à vossa imagem; também nas fraquezas da minha alma se reflete a vossa imagem? Não, nunca. Possuís em grau infinito tudo quanto há em mim de grande, e nobre, e sublime: o mais é meu e só meu.

Na ciência de si mesmo, senhores, a nossa semelhança com Deus limita-se a este simples fato: — O homem, que é espírito, conhece-se; Deus, que é espírito, conhece-se. — Se, além desta, procurais outras semelhanças, apoucais a perfeição divina. Deus não sai de si mesmo: não há forma alguma inteligível que o pudesse representar e ser-lhe de auxílio para que se conhecesse. Não pode haver nele movimento algum que, pela reflexão, lhe desse o conhecimento da sua essência, porque é ato puro. Estudando a simplicidade de Deus, observamos que no ser divino não há nem potencialidade nem mudança alguma, porque é absolutamente perfeito e todo em ato. Deus, pois, conhece-se por isso mesmo que existe. O fato da consciência, que é em nós a origem do nosso movimento intelectual, é em Deus o conhecimento omnimodamente perfeito de si. Vê-se imediatamente; penetra por intuição até às mais íntimas profundidades da sua essência; vê numa só e simples ideia, uma unidade perfeitíssima os seus atributos, raios de luz puríssima irradiados da sua essência infinita e idênticos com a mesma essência.[55]

---

55 Cf. Summ. Theol., I, p. quaest. 14, a. 2.

Deus vê tudo que é, tudo que opera, tudo que pode operar: compreende-se. Escutai o que Santo Tomás nos diz a este propósito: — "Tanta é a virtude de Deus em conhecer quanto é a sua atualidade em existir. *Tanta est virtus Dei in cognoscendo quanta est actualitas ejus in existendo.*" — O homem não se compreende, porque não é atualmente todo o ser, nem toda a perfeição de que é suscetível. O desenvolvimento das nossas faculdades não esgota as suas forças nativas; aspiramos ainda a alguma coisa, e, visto que essa alguma coisas nos foge, somos obrigados a confessar que não nos compreendemos. Mas Deus nada tem a esperar; é atualmente e de si mesmo tudo que deve ser. Se Deus se conhece pelo simples fato de que é, segue-se necessariamente que se conhece tanto quanto é, noutros termos, que se compreende. Dir-me-eis, talvez, senhores, que compreender uma coisa é circunscrevê-la por meio de linhas que a limitam, e que não há linha que possa circunscrever o infinito. Aqui, é forçoso confessá-lo, a imagem prejudica a ideia. É inadequada porque não se pode representar a inteligência divina como se fosse uma capacidade independente, disposta a receber o ser divino. A inteligência divina não está como que junta ao Ser divino: Deus é a mesma inteligência divina: logo, o seu conhecimento é como o seu ser. O ser de Deus é infinito, infinito deve ser, e é, o seu conhecimento![56]

Parece-me, senhores, que está suficientemente explicada esta primeira parte da fórmula da ciência divina: *Deus conhece-se.* Passo à segunda: *Deus, conhecendo-se, sabe todas as coisas.*

Muitas vezes imaginastes, tenho a certeza disso, que Deus vê tudo como o espectador vê de um ponto elevado os objetos que domina. O mundo é esse vale luminoso onde todas as existências aparecem, se agitam e desaparecem; o céu é a montanha inacessível donde o eterno sol contempla o imenso horizonte da criação. Há nesta imagem da imaginação uma certa grandeza; deixemo-la porém aos infantes, e, como homens inteligentes, elevemo-nos até a ideia verdadeira que, como ides ver, é ainda de mais alta grandeza.

---

56 Cf. Summ. Theol., I, p. quaest. 14, a. 3.

Já observamos que a ciência é o conhecimento das coisas pelas suas causas; ora, o que é Deus em relação a todos os seres finitos, espirituais ou materiais, substâncias ou acidentes, potencias ou atos, senão a causa universal? E se é verdade que esta causa se conhece perfeitamente, como demonstramos, como admitir que não conhece perfeitamente a sua eficácia infinita, e, por conseguinte, tudo o que depende necessariamente desta eficácia? O homem tem necessidade de pedir aos seres que lhe prestem a sua forma própria para que os conheça; isto concebe-se, os seres nada devem ao homem, que não é causa deles. E desde que o homem realiza uma obra, não terá porventura necessidade de a ver em si mesma para a conhecer? Não conhece o artista a sua obra prima na inteligência que a concebeu? Deus é o artífice do mundo, e não só o artífice das formas, senão o artífice de todas as substâncias: vendo-se a si, vê, por isso mesmo, a sua obra prima. — "O entendimento divino, diz S. Diniz, penetra a essência de todas as coisas de um modo transcendente; na causa universal é que tem a ciência de todos os seres... Não estuda os seres em si mesmos, não os contempla nas suas formas particulares, vê-os na sua causa que é Ele mesmo... Produzindo todas as coisas pela unidade da sua força, conhece-as todas pela unidade da sua causa, pois que procedem dele e nele preexistem... Não há, pois, em Deus dois conhecimentos: um particular, pelo qual se compreende, e outro pelo qual compreende geralmente os outros seres; mas, como causa universal, conhecendo-se, não pode deixar de conhecer o que produziu. Assim Deus sabe tudo, porque tudo vê em si e não porque vê as coisas em sim mesmas."[57]

Suponhamos, porém, que Deus para conhecer as criaturas tem necessidade de as ver em si mesmas. Se assim fosse, teríamos necessidade de negar a existência de Deus. Com efeito, na hipótese apresentada, a perfeição intelectual de Deus não seria absoluta, mas dependente da ação de um objeto externo. Deve o homem, é certo, os seus conhecimentos à atividade do seu espírito; mas não é menos certo que também os deve aos objetos

57 Noms divins, c. VII, 2.

externos que conhece. Mendiga o homem em torno de si a sua perfeição. Parece-vos que deve dar-se em Deus o mesmo? E não vedes que repugna que o ser primário peça às criaturas o que a sua natureza possui por necessidade, a ciência perfeita? Não vedes que é impossível que a suprema perfeição realize o objeto da sua ciência por outro meio que não seja o mais perfeito de todos os meios, e que a verdade primeira dos seres, a sua causa eterna e infinita, é um meio incomparavelmente mais perfeito do que os seres finitos em si?[58]

Deus vê, pois, tudo em si mesmo. E quando digo tudo, não intento, como alguns, limitar a ciência de Deus a um conhecimento vago e geral que compreende o conjunto dos seres nas suas qualidades comuns. A ciência vai mais além: investiga a razão própria de cada ser. Desafio-vos a que me mostreis essa razão própria numa ideia que nada especifica: a ideia geral do ser, por exemplo, ou antes, a ideia geral de causalidade. Dir-me-eis: Se o ponto central de uma circunferência for inteligente, conhecerá todas as linhas que partem dele: se a luz se conhece, verá em si mesma todas as cores e as suas cambiantes; é assim que Deus conhece todos os seres. Enganai-vos, senhores; supondo que sejam dotados de inteligência, o ponto e a luz, princípios gerais das linhas e das cores, não podem conhecer a sua razão própria, o número e a distinção, porque de si mesmas, e só por si, o ponto e a luz não podem produzir as linhas e as cores. O ponto deve multiplicar-se e mudar de lugar para produzir a linha; a luz deve ser decomposta por um meio a fim de produzir as cores. Estes exemplos, não servem, pois, para nos dar uma ideia adequada do modo por que a ciência de Deus compreende as razões próprias de cada coisa. Do mesmo modo, não podemos dizer que Deus conhece as coisas pela eficácia que comunica às causas particulares, porque de duas uma: ou esta eficácia é determinada ou não; se é, não o pode ser senão pelo conhecimento próprio que Deus possui de cada um dos efeitos que devem ser produzidos; se não é, Deus opera ao acaso criando as causas, e a sua onipotência co-

58 Cf. Summ. Theol., I, p. quaest. 14, a. 5.

lide, neste caso, com a sua sabedoria. Passemos, senhores, por sobre essas explicações viciosas da ciência de Deus, e vamos ao fundo da sua essência. A essência divina é a fonte das perfeições próprias da natureza de cada uma das criaturas, a causa única e total daquelas perfeições. Vem de Deus os caracteres comuns dos seres, e também aqueles, em virtude dos quais, se distinguem e multiplicam: gêneros, espécies, indivíduos, participam a seu modo da essência divina, e são a seu modo um fruto próprio da sua inesgotável eficácia. Ora, Deus, que se conhece perfeitamente, não pode ignorar o modo por que a sua essência é participada, o modo por que a sua virtude é aplicada; vê, pois, em si mesmo todos os seres segundo a sua razão própria e segundo a sua perfeição específica e individual.[59]

Deus vê tudo: a sua ciência sublime não se dedigna de abater-se até as coisas mais humildes que pisamos com desprezo. "*Excelsus Dominus et humilia respicit.*"[60] O que nos parece vil está ligado por eternos laços com o ser divino, e está mais próximo das mais elevadas criaturas do que estas do infinito. O que nos parece mácula na beleza universal do universo é, no plano divino, uma sombra para fazer realçar o esplendor da luz. Os objetos que dividem a nossa atenção em detrimento das coisas elevadas, o que apouca a nossa ciência quando a nossa alma tenta ultrapassar os limites da sua atividade, funde-se com o que é grande no único e perfeito objeto da ciência de Deus: a sua essência infinita. Julgamos que descemos da nossa dignidade, que nos maculamos ocupando-nos de coisas baixas e grosseiras; a ciência de Deus é puríssima, conhece tudo e nada há que possa macular aquele espelho de pureza inexcedível onde se refletem todos os seres: "*Attingit ubique propter suam munditiam... et ideo nihil inquinatum in eam incurrit.*"[61]

Deus vê tudo: os mais grandiosos movimentos da matéria e as suas mais imperceptíveis vibrações, os majestosos desenvolvimentos da vida e os seus primeiros atritos com o átomo de que

59 Cf. Summ. Theol., I, p. quaest. 14, a. 6.
60 Sl CXXXVII.
61 Sb VII, 24, 25. Cf. Summ. Contra Gentiles, lib. I, cap. LXX.

se apodera para o arrastar na sua corrente, os pensamentos e os desejos que traduzimos na vida pública e os que ficam recônditos nas profundidades da nossa alma. Escuta os corações, *scrutans corda*. Escuta e compreende de longe os movimentos misteriosos da nossa inteligência quando investiga e ordena os seus desígnios, *intellixisti cogitationes meas de longe.*[62] Sabe o que falamos nas nossas conversações mais íntimas, cujo segredo nenhuma criatura poderá desvendar. Movimentos, vida, pensamentos, desejos, palavras externas e internas, tudo vê, tudo se lhe manifesta, sem composição nem divisão, na unidade da sua essência, protótipo e motor fecundo de todas as essências.

Deus vê tudo: no Ser essencialmente bom, a mesma bondade não criou nem podia criar o mal; no entanto, conhece-o, porque Deus é a universal e indefectível luz do bem. E se essa luz é inteligente, não conhecerá onde existe e onde não, não conhecerá o dia e as trevas? O bem é o dia, o mal trevas. Por ser o dia sem ocaso, Deus vê as trevas do mal, ou essas trevas sejam desfalecimentos da natureza, castigo dos criminosos, ou negações da justiça e do dever. "Ó Senhor, tu conheces os meus desvarios, e não te são ocultos os meus delitos. *Tu scis insipientiam meam, et delicta mea a te non sunt abscondita.*"[63]

Deus vê tudo: o que foi, o que é, o que há de ser. O passado não desapareceu diante dele, o futuro responde ao seu chamamento.[64]

A sua essência luminosa penetra cada um dos pontos da interminável linha dos séculos. Que seria da sua imutável plenitude se o nada pudesse, à medida que o tempo se escoa, ocultar-lhe os seres que para nós não existem, se houvesse na sua ciência infinita um vazio para esperar as revelações do futuro? Que seria do seu governo se ignorasse quais as recrutas que na sua passagem deve tomar o imenso exército das criaturas, e quais os caminhos que devem percorrer para realizar em seu seio a sua

62 Sl CXXXVIII.

63 Sl LXVIII. Cf. Summ. Theol., I, quaest. 14, a. 10.

64 *Qui vocavit ea quae non erant quasi ea quae non essent* (Rm IV).

suprema concentração? É necessário que Deus veja tudo. Conservamos recordações em nosso espírito, prevemos alguns acontecimentos; e como é limitada a nossa memória! Como são raros os acontecimentos sujeitos à potência previsora do nosso espírito! Mas Deus vê tudo, tudo absolutamente, de um modo certo e atual, no espelho da sua indivisível eternidade.[65]

Que! Porventura quereis fazer do futuro, que ainda não é, uma coisa presente? — Sim, senhores; o futuro, assim necessário, como contingente, para Deus deve ser presente, aliás a incerteza e as surpresas, estorvando a ação de Deus, destruiriam, por isso mesmo, a sua perfeição. Não compreendeis isto porque incessantemente caminhais do passado para o futuro por uma série de pontos imperceptíveis, como o viajante que vai de um país para outro, arrebatado com as belezas que contemplou, extasiado com as que contempla, ávido de novos espetáculos e novas emoções. Mas Deus permanece, *stat*, e, na vida perfeitíssima que possui num só instante, vê, infinitamente melhor do que de uma eminência tranquila e sublime, não somente as causas que devem produzir os seres, mas ainda os decretos que determinam, para cada divisão do tempo, a existência atual de cada coisa. Os mesmos atos livres de que vos julgais como princípio e que vos parecem escapar a toda a previsão, os vossos atos livres estão contidos e previstos na causa suprema donde depende a determinação dos seres: o decreto de Deus.[66] Não é agora ocasião oportuna de vos dizer como se concilia a liberdade humana com a ciência e vontade divinas; é uma questão que diz respeito ao governo do mundo e que eu reservo para quando tratar da providência de Deus. Por enquanto, fixai a vossa atenção nesta incontestável verdade: que

---

65 *Aeternitas simul existens ambit totum tempus. Unde omnia quae sunt in tempore, sunt Deo ab aeterno praesentia, non solum ea ratione qua habet rationes rerum apud se praesentes ut quidam dicunt; sed quia ejus intuitus fertur ab aeterno super omnia prout sunt in sua praesentialitate* (Summ. Theol., I, quaest. 14, a. 13). *Deus omnia praescit, et hoc aeternitati ejus congruit qui nihil futurum quasi fiendum, nec aliquid praeteritum quasi transactum novit; sed omnia praeterita et transacta immutabili intuitu praesentia prospicit* (Honorius Augustodunensis, lib. de Praedest. et liber. arb.).

66 Cf. Summ. Theol., I, quaest. 14, a. 13.

Deus deve conhecer atualmente os atos livre de toda a vida humana. Se, por um grande amor para com a vossa dignidade, pretendeis subtrair a ciência divina às operações da vossa vontade, limitar-me-ei a responder-vos: — Qual deve prevalecer, a dignidade de Deus ou a vossa? Ou antes responder-vos-ei como Santo Agostinho a Cícero: "Julgais que fazeis os homens livres e os converteis em sacrílegos. *Dum vult facere liberos fecit sacrilegos.*"[67]

Deus vê tudo; mas a sua inteligência sem limites vai além da esfera onde estão contidas as coisas atualmente presentes à sua vista. Não se conheceria se não soubesse, com tudo o que fez e com tudo que quer fazer, o que pode fazer. Sabe, pois, tudo o que nunca será, tudo o que podia ser atualmente se quisesse; e esta ciência do possível não tem outra medida senão o infinito poder que a sua essência tem de ser participada infinitamente e de uma infinidade de modos.[68] Haverá mais alguma coisa que Deus possa conhecer? Dizei-o vós, senhores, eu de mim não sei. Pela minha parte, adoro, sinto-me confundido e espero. Adoro o oceano de luz, cuja extensão e profundidade excede tudo o que posso imaginar, conceber e dizer; sinto-me confundido perante o raio vencedor que penetrou até ao fundo de minha miséria; espero naquele que vê junto do mal de que me arrependo todo o bem que faço e que quereria fazer.

Ó ciência do meu Deus, que tremenda ameaça não sois vós para os pecadores! Um sono pérfido endurece a sua consciência; persuadem-se que sepultaram no túmulo do esquecimento os seus crimes passados, porque ninguém os inquieta, ninguém lhes diz: — Lembrai-vos. Animados pela impunidade, continuam urdindo nas trevas a teia das suas obras perversas; a sua alma é um abismo que vomita a iniquidade disfarçada com ardis e protestações hipócritas que muitas vezes logram iludir a nossa simplicidade. Levam a sua audácia a ponto de julgarem que o próprio Deus cairá nos seus laços e que os Seus desígnios serão destruídos. Então tornar-se-ão senhores do futuro e a sua corrup-

67 Lib. V, de Civit. Dei, cap. IX.

68 Cf. Summ. Theol., I, quaest. 14, a. 9.

ção triunfante será a lei dos povos que perverteram. Mas lá em cima há quem vele. Dia virá, ó Deus terrível, em que direis a estes miseráveis: — Sou eu. Vi tudo, sei tudo, desmanchei os vossos planos e salvei os povos que vós quisestes perder. O mal de que vos esquecestes, o mal que ocultastes, o mal que esperáveis, ei-lo. Vede vós mesmos e julgai. E o pecador verá, enfurecer-se-á, rangerá os dentes e cairá desfalecido sobre as ruínas dos seus desejos aniquilados. "*Peccatur videbit et irascetur, dentibus suis fremet et tabescet; desiderium peccatorum peribit.*"[69]

Formidável para o pecador, a ciência de Deus é a consolação do justo e o seu refúgio contra o juízo de uma opinião inimiga da sua virtude. Deus o vê, Deus conhece a pureza das suas intenções, a retidão dos seus desejos, a lealdade das suas ações, e tanto basta para que o justo goze as doçuras da paz. Atribuí-lhe desígnios que não tem, interpretai mal a franqueza das suas palavras, caluniai a sua vida inocente, intrigai contra ele toda as paixões, oprimi a sua fraqueza, suponde-o perseguido, despojado de tudo e amaldiçoado por essa turba insensata que só adora a prosperidade e que só vê faltas na adversidade... O justo não perde a paz; Deus vê tudo, Deus sabe tudo, responderá ao clamor do seu justo que lhe pede que julgue e esclareça a sua causa: *Judica me Deus et discerne causam meam*,[70] e, tarde ou cedo, estaremos de acordo, não com a opinião dos homens, mas com a ciência de Deus.

II

É evidente, senhores, que a ciência de Deus se eleva acima de toda a ciência pelo seu objeto, e que o modo por que este objeto é atingido nos subministra desde já a medida da perfeição intelectual de Deus. Todavia, com referência a esta perfeição intelectual, nada mais possuímos do que a indicação vaga e sumária das propriedades características que a recomendam a

69 Sl CXI.
70 Sl XLII.

nossa humilde veneração. Permiti-me um rápido exame dessas propriedades. Quanto mais viva for a luz que tivermos sobre tão elevado objeto, tanto mais dócil será a nossa alma esclarecida aos ensinamentos da fé cujos princípios, diz Santo Tomás, procedem diretamente da suprema ciência de Deus.

A primeira propriedade desta ciência é a sua incomunicável natureza. Não se forma, é. O formar-se é próprio da ciência humana, que procede por atos sucessivos, e marcha laboriosamente à conquista das causas antes de poder resolver nelas os seus efeitos. Isso a que chamamos, nas diferentes esferas dos conhecimentos humanos, a penetração científica, não é uma faculdade inata do nosso espírito. Vós sabeis, senhores, por que preço se adquire a ciência, como a vida se consome nessas lutas heroicas da inteligência investigando, através dos seres dispersos, os centros luminosos onde pode contemplar um mundo de maravilhas; bem sabeis que não raras vezes os nossos trabalhos e vigílias têm como recompensa gloriosas enfermidades. A ciência tem os seus mártires, objetos do meu respeito e também de minha terna compaixão. Veteranos do trabalho, cujos olhos amortecidos já não podem interrogar a natureza, cujos ouvidos desorganizados já não podem escutar as vozes harmoniosas do universo, cuja mão trêmula já não pode sustentar a pena eloquente que nos revelará os segredos do espaço, do número, da terra, do firmamento, dos elementos, da vida, da alma, da sociedade, da história, a quantas fadigas vos não expusestes e por tão pouco! Não assim a inteligência divina; sem discurso, sem trabalho, apreende numa só simples ideia o centro dos seres, a causa universal na qual se revelam todas as coisas, antes mesmo da sua existência. Deus vê, e nós investigamos: e, movido duma piedade imensa para com os desejos que nos atormentam, apressa-se em comunicar-nos a sua própria visão.

Consolai-vos da vossa impotência, ó sábios, um dia participareis, tanto quanto possível, da ciência de Deus; vereis todos os seres no seu centro, todas as coisas na sua causa universal; mas, entendei-o bem, essa ciência nunca será em vós o que é em Deus.

Em vós é recebida, em Deus originária; em vós aperfeiçoa-se, em Deus é a perfeição subsistente; em vós é acidental, em Deus substancial; em vós advém ao ser, em Deus é o mesmo ser; porque em Deus, diz admiravelmente Santo Tomás, "a inteligência e o que possui a inteligência, o objeto da inteligência e o meio por que este objeto é apreendido e o mesmo ato da inteligência, é um só e o mesmo ser. *In Deo intellectus, intelligens, et id quod intelligitur, et species intelligibilis et ipsum intelligere sunt omnino unum et idem.*"[71]

Um só e o mesmo ser! Estas palavras, senhores, não nos indicam porventura a segunda propriedade característica da ciência divina, a saber, a perfeita unidade da sua plenitude? Deus sabe tudo sem trabalho; mas vós não ignorais que na ciência um dos maiores trabalhos é a investigação da unidade. As nossas análises longas e pacientes dão em resultado sínteses parciais que dividem a ciência em categorias a que as inteligências humanas se dedicam segundo as suas aptidões e preferências. Quem pôde nunca fundir, quem fundirá jamais a universalidade das categorias num todo indivisível? Para falar com rigor, nós temos ciências: ciências filosóficas, físicas, matemáticas, fisiológicas, econômicas, sociais, históricas, etc.; mas ninguém possui a ciência, isto é, a síntese de todos os conhecimentos no mais simples e elevado dos princípios. Nesta eminência, a ciência é a sabedoria, e Deus o único sábio, só ele possui a plenitude infinita na unidade, ao passo que nós, incapazes da plenitude, somos igualmente incapazes da unidade. Os nossos conhecimentos dividem-se como os seus objetos; em Deus, causas e efeitos, princípios e conclusões, seres espirituais e materiais, causas nobres e vis, passado, presente, futuro, possível, tudo se funde na simplicidade do ser infinito, em Deus que não tem mais do que um conhecimento, simples como a sua essência, único objeto de uma só ideia eterna e imutável.[72]

Assim como a divisão é o princípio da variabilidade, a unidade é o princípio da invariabilidade, donde se deduz, senho-

71 Summ. Theol., I, quaest. 14, a. 4, c.
72 Cf. Summ. Theol., I, quaest. 14, a. 7.

res, uma terceira propriedade característica da ciência divina: a sua verdade imutável. Conhecer as coisas como elas são, o mesmo é que possuir a verdade. Assim é que, com razão, se diz que a verdade é uma equação entre a inteligência e o seu objeto. *Veritas est adequatio rei et intelectus.* Se exprimimos externamente esta relação de igualdade, há uma equação entre o conhecimento e a palavra; em duas palavras, senhores, podemos ser verdadeiros no conhecer e no dizer. — "*Veritas est in cognoscendo et in dicendo.*" — No entanto, sê-lo-emos nós sempre? Ai! Como é que a imutabilidade na verdade poderia ser propriedade de um ser mutável que só lentamente, passo a passo, caminha para a luz dos seres, e a cada instante se vê obrigado a completar ou reformar os seus juízos, de um ser que pode ser iludido inconscientemente pela mudança ininterrupta das coisas sobre as quais pronuncia o seu juízo, de um ser que o medo ou o interesse levam à dissimulação ou à mentira?

Temos o desejo de conhecer; mas incapazes de compreender numa só ideia os objetos do nosso conhecimento, apreendemo-los por um acidente que nos impressiona, e procuramos defini-los pelo seu carácter menos estável, até que alfim novas revelações nos esclareçam e nos habilitem a defini-los melhor. Na investigação das causas, fixamo-nos nas mais próximas, esperando que as suas relações com outras causas de ordem superior nos mostrem o encadeamento de uma série que deve ser ligada ao seu verdadeiro princípio. De um dia a outro dia, de um ano a outro ano, de um século a outro século, vemos realizar-se no espírito humano um movimento progressivo da verdade, a não ser que os insensatos venham dissipar a herança de gerações e arrancar ao sábio esta dolorosa queixa: "Os filhos dos homens diminuíram as verdades. *Diminutae sunt veritates a filiis hominum.*"[73]

Logramos conhecer, e passamos ao nosso julgamento; hoje é verdadeiro, amanhã não o será; escapa-nos, sem darmos por tal, um dos termos da equação; é o objeto. Pouco importa que uma força estranha o tivesse alterado, ou que se modificasse a si

73 Sl XI.

mesmo; a equação desapareceu, a verdade já não brilha em a nossa inteligência. Esse amigo cujo coração nos seduziu, esse homem público cuja patriótica abnegação admiramos, são, no momento presente, dignos do alto conceito que formamos dos seus méritos; mas o trabalho tenebroso das paixões depravou-os, e, antes que as suas ações nos desiludissem, um e outro mentiram à nossa estima. Vemos ainda um amigo fiel onde não há mais do que um traidor, admiramos ainda um grande cidadão onde não há mais do que um egoísta violento e um intrigante vulgar.

Conhecemos a verdade; mas temos nós porventura a coragem de a dizer sempre? — Não, senhores. Não é necessário empregar violência para impedir que a nossa palavra esteja de acordo com o nosso pensamento. A opinião que nos domina, um cálculo de orgulho, de ambição, e, por vezes, da mais baixa concupiscência, bastam para profanar pela mentira o dom sublime da palavra. Nas altas esferas onde se discutem os mais momentosos interesses sociais nem sempre domina a lealdade e a franqueza. Julgam-se mais dignos de consideração os que melhor sabem praticar esta máxima detestável: — A palavra foi dada ao homem para dissimular o seu pensamento.

Ó imutabilidade da verdade, é em vão que vos procuro entres os filhos dos homens, como é em vão que procuro entre eles a unidade da ciência! Para que alfim vos encontre tenho de elevar-me, através de todas as inteligências, até a inteligência infinita, até Deus. Só em Deus é que a verdade é imutável, porque, só em Deus, a ciência é una. Esta proposição, senhores, não necessita de ser demonstrada. Deus conhece tudo num princípio eterno e indivisível, já o demonstramos; não pode, pois, haver em Deus nem movimento de inteligência, nem progresso de conhecimento, nem alteração de juízos. Na mesma ideia em que Deus vê todos os seres no seu princípio eterno e indivisível, vê as suas variações e alterações sucessivas; nada o pode surpreender, nem deixar de se compadecer um só momento com a sua ciência. Ainda mais, senhores; a verdade é imutável em Deus, porque Deus é a mesma verdade. O que é a verdade? — Uma equação entre a inteligência e o seu objeto; — e haverá nada mais igual entre si do que a inteligência divina e o seu objeto? Deus conhece-se e conhece-se todo em si mesmo. "Ora, diz Santo Tomás, o ser de Deus, objeto do seu conhecimento, não só é conforme com a sua inteligência, mas ainda é a mesma inteligência. Os seres que Deus vê, não somente são conformes com a sua ciência, mas ainda a sua ciência é a norma e a causa de todo o ser e de toda a ciência. Enfim, Deus, em virtude da sua perfeita simplicidade, é ele mesmo o seu ser, a sua inteligência, a sua ciência. Não basta, pois, dizer que a verdade existe em Deus, porque Deus é verdade suprema e primária, a verdade na qual tudo é verdadeiro."[74]

Em Deus a verdade é imutável, porque Deus é. Imutável na sua essência, poderia a verdade divina deixar de o ser nas suas manifestações? Sabemos que Deus, soberano Senhor, é absolutamente independente, que sendo omnimodamente perfeito nada tem a esperar; há mais; é impossível admitir que Deus atente contra a sua própria existência. E a mentira divina seria a negação do ser divino. Digamos, pois, com o Apóstolo: *Impossible est mentiri Deum.*[75] — É impossível que Deus possa enganar pela sua palavra. Verdade no ser, verdade no conhecer, verdade no dizer: *Veritas in essendo, in cognoscendo, in dicendo*; eis Deus, senhores, objeto e doutor invariável de uma ciência invariável como o seu ser.[76]

Disse há pouco, com Santo Tomás, que a ciência divina é a norma e a causa de todo o ser e de toda a ciência. Vejo nesta afirmação uma quarta propriedade característica a que chamarei a eficácia universal da ciência de Deus. Para me compreenderdes, é necessário que vos recordeis do que precedentemente demonstrei

---

74 *Esse suum (Dei) non solum est conforme suo intellectui, sed etiam est ipsum suum intelligere. Et suum intelligere est mensura et causa omnis alterius esse et omnis alterius intellectus: et ipse est suum esse et intelligere. Unde sequitur quod non solum in ipso sit veritas, sed quod ipse sit summa et prima veritas* (Summ. Theol., I, quaest. 16, a. 5, c.). Cf. Eamdem quaest., aa. 1, 2, 6, 8.

75 Hb VI.

76 *Nam sicut omnino tu es, tu scis solus qui es incommutabiliter et scis incommutabiliter* (Aug., lib. XIII, Confess.).

a propósito do conhecimento das coisas em Deus. Vê-as, não de um modo vago e geral, nas suas causas indeterminadas, mas segundo as suas razões próprias, segundo a sua perfeição específica e individual. "Estas razões próprias das causas, estes exemplares divinos de toda a perfeição criada, permanecem eterna e imutavelmente, diz Santo Agostinho, no espírito do Criador; as coisas são o que são e como são porque participam atualmente do ser de Deus."[77] Numa palavra, senhores, a ideia é, em Deus como em nós, o primeiro princípio das obras exteriores. "E tal é a força da ideia que, sem ela, ninguém se pode dizer sábio. *Tanta vis in idaeis constituitur ut nisi his intellectis sapiens esse nemo possit.*"[78] É ainda Santo Agostinho que fala, e no seu comentário ao Gênesis, vai mais longe e declara do seguinte modo a necessidade da ideia na obra divina. "Deus criou os seres, mas não os criaria se não os conhecesse, não os conheceria se não os visse, não os veria se não os possuísse."[79] É evidente que Deus, a simplicidade por essência, não pode ter em si os seres segundo a sua própria natureza, e por isso é forçoso admitir que os possui pelas ideias. E o que são estas ideias? — São entidades subsistentes como afirmaram certos filósofos? — Não, porque em Deus nada pode substituir a não ser o mesmo Deus. A essência divina não é um espelho gigantesco diante do qual passam e repassam os exemplares livres e eternos que os seres devem imitar; não é um oceano luminoso, cujas ondas submergem as imagens vivas e distintas da criação. Deixemos que os poetas fantasiem estes quadros ideais, e atenhamo-nos à sublime realidade.

As ideias existem em Deus, multidão imensa e unidade inseparável ligada à sua essência; porque, diz profundamente o Angélico doutor, as ideias são a mesma essência divina enquanto

77 *Singula propriis sunt creata rationibus. Has autem rationes ubi arbitrandum est esse, nisi in ipsa mente creatoris? [...] Ipsae aeternae incommutabiles manent; quarum participatione fit ut sic quidquid est, quoquo modo est* (Aug. de Diversis Quaest. LXXXIII, q. 46, n. 2).

78 Lib. LXXXIII, q. 46.

79 *Neque ea faceret, nisi ea nosset antequam faceret, nec nosset nisi videret, nec videret nisi haberet* (Aug. In V. lib. De Genes. ad litteram, XV).

é participável e enquanto pode ser imitada pelas criaturas.[80] Em Deus há o conceito de cada um dos seres, das suas leis, das suas relações, da sua ordem admirável. Uma só e simples ideia de uma ciência única perscruta simultaneamente as partes e o todo, e dirige praticamente o *fiat* soberano que deve fecundar o nada, dar à criação o número, o peso e a medida, e tirar a ordem do caos. Sem esta direção prática o *fiat* nunca seria pronunciado, e onipotência divina à qual nada resiste permaneceria eternamente estéril. É pois verdade o dizer, com a Sagrada Escritura, que Deus tudo criou pela sua Sabedoria; com Santo Agostinho, que Deus não conhece as criaturas porque existem, mas que as criaturas existem porque Deus as conhece; com S. Diniz, enfim, que a ciência divina é o supremo artífice de todas as coisas.[81]

Oh! Como tudo isto abate e humilha a pobre inteligência humana, tão pequena e tão orgulhosa! Tem ideias a inteligência humana, mas não as toma da sua essência; é necessário que lhe sejam dadas; serve-se da ciência para criar, mas não produz senão movimentos ou formas imitadas da natureza, e seres cuja força e substância não podem ser imitados; quer dizer, senhores, que a nossa ciência deve tudo à ciência divina: os seres sobre os quais opera, as formas que imprime, as forças que aplica, as ideias que põe em prática, e a própria inteligência que recebe estas ideias.

E em presença desta grande verdade, não é o orgulho uma loucura imensa e sacrílega? Pela minha parte, já de há muito que compreendi a eficácia universal da ciência divina, e prostrei-me reverente diante dela esperando tudo unicamente das suas inspirações. Quando orava, aprendi do rei profeta que nos devemos aproximar de Deus para que sejamos iluminados: eu aproximei-me. Aproximai-vos comigo, senhores, aproximai-vos desta ciência sublime e fecunda que é a origem da luz: *accedite ad eum*

80 *Unaquaeque creatura habet propriam speciem, secundum quod aliquo modo participat divinae essentiae similitudinem. Sic igitur in quantum Deus cognoscit suam essentiam ut sic mitabilem a tali creatura, cognoscit eam ut propriam rationem et ideam hujus creaturae* (Summ. Theol., I, quaest. 15, a. 2, c.).

81 Cf. Summ. Theol., I, quaest. XIV, aa. 8 et 16. Ibid., quaest. XV, aa. 1-3.

et illuminamini.[82] Aproximai-vos pela imitação da sua adorável pureza. É porque Deus existe na eminência da imaterialidade, que existe na eminência do conhecimento: Subi até Ele. O vosso espírito, quanto mais desligado estiver dos laços da matéria, maior domínio exercerá sobre a carne revoltada que o incita aos apetites baixos para o entenebrecer, e a sua límpida transparência será mais sensível à irradiação da inteligência divina, sol sem ocaso de todos os espíritos. *Accedite ad eum et illuminamini.* Aproximai-vos dele pela fé, e pela oração cheia de confiança. Quaisquer que sejam as vossas aspirações e os vossos desejos, a ciência divina os realizará plenamente. Quereis especular sobre os números? Mas quem sabe melhor do que Deus o poder dos números, pois que é pelo número que une cada criatura à ordem universal? Quereis conhecer os segredos da natureza? Mas quem os conhece melhor do que Deus a quem são presentes todos os átomos, todas as forças, todos os movimentos, todas as relações, todas as causas, todos os efeitos já produzidos e que se hão de produzir? Quereis governar os homens? Mas quem vê melhor do que Deus os misteriosos desígnios de todas as ações dos homens, as influências prósperas ou adversas que podem sofrer, e as condições complexas do bem público que deve ser o fim de todos os governos? Ó ciência do meu Deus! Vós conheceis tudo, e sem Vós nada podemos conhecer. Apesar das nossas ingratidões e dos nossos crimes, foi pela Vossa graça que saímos da noite de uma ignorância universal. Mas quando Vos invocamos, que torrentes de luz, e que brilhantes e vitoriosos raios não dissipam as trevas do nosso espírito! Que poder e que força não concedeis aos mais fracos! Que penetração aos mais cegos! Então operais maravilhas: o homem desce aos mistérios da consciência e lê os mais secretos pensamentos; o homem atravessa as idades e convosco contempla o futuro; o homem sobe até ao céu e lá aprende os vossos santos ensinamentos. Nós não pedimos tão extraordinárias graças, ó Luz infinita! Concedei-nos apenas que só desejemos saber neste mundo por Vós, esperando ansiosamente o dia em que tudo saibamos em Vós.

---

82 Sl XXXIII.

Nona Conferência

A Vontade Divina

Nona Conferência

A Vontade Divina

Eminentíssimo Senhor, Senhores:

Deus é inteligente, o fruto da sua inteligência é a ciência; ciência universal quanto ao seu objeto, incomunicável quanto à sua natureza, perfeitamente una em sua plenitude, imutável na sua verdade, origem fecunda de todo o ser e de toda a ciência; eis o que demonstramos na conferência precedente. Ora, consequência necessária desta demonstração é que, em Deus, há uma vontade, porque a vontade segue a inteligência, segundo a bela e justa expressão de Santo Tomás: *Voluntas intellectum consequitur.*[83] A inteligência vê e dirige, mas visto que é luz fria e estéril, não poderia gozar o que conhece, nem realizar produção alguma, se não fosse ajudada pela vontade cuja característica é tender para o bem, apreendê-lo, e dar ao nosso espírito o gosto, a consolação e a tranquilidade que resultam da prática do bem. A vontade é para os seres inteligentes o que o apetite é para os seres desprovidos de conhecimento; completa a natureza, porque a incita imediatamente à perfeição e move-a ao ato.

O apetite impera no animal mediante a indicação dos sentidos; a vontade inclina-nos a pôr em obra aquilo que a inteligência concebe. *Inclinatio ad agendum quod intellectu conceptum est pertinet ad voluntatem.*[84] Sem a intervenção da vontade, a ideia nunca se exteriorizará, nunca será um ato volitivo. Pouco impor-

83 Summ. Theol., I, quaest. 19, a. 1.
84 Summ. Theol., I, quaest. 19, a. 4.

ta que acariciemos a ideia durante longas horas e dias até; se falta o ato enérgico que a deve exteriorizar, restar-nos-á apenas a estéril e miserável honra de ter concebido uma ideia sem poder dá-la à luz. Não nos deixemos, pois, vencer das vãs declamações desses que condenam à infecundidade uma alma generosamente dotada, porque esses não têm a energia de querer, e não esperemos grandes obras senão daqueles onde a inteligência é poderosa e a vontade enérgica. Com estes dados já podeis concluir, senhores, que a vontade é no ser divino a companheira necessária e inseparável da inteligência.

Notai, porém, senhores; a vontade não é em Deus o que é nas criaturas, uma faculdade indigente, cheia de desejos que só aspira gota a gota o bem que anseia, uma faculdade que tem necessidade de ser movida por um bem que está fora do ser que move, uma faculdade, enfim, aperfeiçoada pelos seus atos múltiplos e sucessivos. A vontade divina é perfeitíssima no gozo do próprio bem do ser divino; o seu objeto é este mesmo bem; existe essencialmente no bem e o bem existe essencialmente nela, e, ainda que possa produzir uma grande multidão de seres e de perfeições, o seu ato não se multiplica nem divide, é único e eterno como Deus; a vontade é o seu ato, este ato é a mesma vontade. Em duas palavras, senhores, como Deus é a sua inteligência e a sua ciência, é também a sua vontade e o seu querer.[85] A esta fórmula rigorosa e profunda nos leva a simplicidade de Deus quando tratamos de enunciar a sua perfeição.

Não me deterei em demonstrar a existência e natureza da vontade em Deus. Ocupar-me-ei apenas do seu ato, do mesmo modo que procedi a respeito da inteligência divina. O meu estudo será um comentário simples dos nomes que habitualmente damos à vontade divina. Se a consideramos no modo por que atua, chama-se vontade livre e onipotente de Deus; se a consideramos no que ela quer, chamamos-lhe santíssima vontade de Deus. Explicar a liberdade, a onipotência e a santidade da vontade divina, tal é objeto da presente conferência.

---

85 Cf. Summ. Theol., I, quaest. 19, a. ad 2 et 3; a. 2, ad 4.

Meus senhores, eu não entrarei hoje na matéria da minha conferência sem que antes reclame de vós a homenagem da vossa admiração e do vosso reconhecimento a um homem a quem deveis os sublimes ensinamentos que tendes escutado. Há mais de um século que esse homem foi ferido, como tantos outros, por duas sentenças de proscrição, uma das quais tinha por fim separar a razão moderna da razão da idade média, a outra preservar a teologia das invasões da metafísica. Ontem celebramos o sexto centenário da morte do grande Santo Tomás de Aquino; hoje a sua doutrina opulenta de vida impõe-se ao mais belo auditório do mundo. Não sou eu, senhores, mas Santo Tomás que vos fala nesta cadeira; eu sou apenas um eco da sua doutrina, Santo Tomás é o vosso doutor. Pedi-lhe, pois, para vós e para mim, a força para me elevar até às alturas celestes onde vive o seu gênio, e a luz divina de que é sublime professor: *O Thoma, laus et gloria Praedicatorum Ordinis, nos transfer ad caelestia, professor sacri numinis.*[86]

I

Ser livre, senhores, o mesmo é que possuir sem violência nem necessidade o império de si mesmo; o mesmo é que ser o árbitro dos seus atos de modo que possa, a seu pleno beneplácito, obrar ou não obrar, querer uma coisa ou não querer. Desde que a violência intervém, a liberdade começa a desaparecer. Hoje posso ir aonde me parecer, posso usar das minhas forças como me aprouver; mas se me detendes, se me prendeis, se me algemais, não sou livre. Os atos que o vosso despotismo bárbaro me arranca não têm valor algum, posso negá-los quando recuperar a minha liberdade, quando me tornar senhor de mim mesmo, deixando-vos a vós a vergonha de terdes abusado da minha fraqueza. Todavia, eu posso não ser um fraco, posso resistir heroicamente a todas as torturas e ensinar-vos que a minha liberdade habita num lugar inacessível, onde se ri dos vossos atentados. É em vão que pretendeis que renuncie às minhas crenças, as minhas esperan-

86 Antigo Ofício de Santo Tomás, rito dominicano.

ças, aos meus afetos; em vão pendereis dos meus lábios martirizados para surpreender neles uma confissão, um consentimento contrário ao meu direito e à minha virtude; nunca lograreis de mim essa renúncia, essa confissão, esse consentimento. Deixarei rasgar as minhas carnes, correr o sangue de minhas veias, arcarei com a morte e gritarei sem cessar: creio, espero, amo; pereça muito embora o mundo, mas triunfe o direito. *Fiat jus et percat mundus.* Clamarei, assim, senhores, até que deixe de palpitar este coração generoso e forte onde a liberdade é inviolável.

É, pois, evidente que, em rigor, só o corpo pode ser escravo da violência; a alma escapa a esta violência pela sua nobre natureza e pelos seus generosos esforços. Não se pode dizer o mesmo da necessidade. Proveniente de leis que são a base da ordem universal, a necessidade impera, impõe-se, imprime um movimento que é forçoso seguir. É a necessidade que preside à gravitação dos corpos para os corpos, dos instintos para os bens sensíveis, das vontades para a felicidade. Reagi contra o mágico atrativo de felicidade; tentai protestar contra a voz imperiosa que comove todo o vosso ser e canta de dia e de noite o hino dos vossos destinos nestas três palavras: "é necessário ser feliz", ser-vos-á impossível; o vosso espírito, o vosso coração, o vosso próprio corpo cedem e entusiasmam-se; quereis ser felizes. Perguntais a cada um dos objetos que deparais na passagem da vossa vida cortada de ansiedades e tormentos: Não és tu a felicidade que procuro? Fatigados, e não raras vezes abatidos, não abandonais um asilo hospitaleiro senão na esperança de encontrardes um outro, onde possam ser plenamente satisfeitos os desejos febris que vos atormentam. Felizes de vós, se, desiludidos das seduções enganosas do mundo, esperais em paz o alvorecer de dias melhores numa pátria melhor. Mas, enfim, desiludidos ou não, é certo, senhores, que sofreis o império da necessidade. A lei que governa a irresistível tendência da vossa vontade não vos violenta; mas vós respondeis-lhe espontânea e inevitavelmente com os vossos desejos de felicidade esperando a paz de espírito.

E não é verdade que nenhum de vós se queixa desta necessidade, nem se julga apoucado na sua grandeza e dignidade? Como explicar este fato? É que tal necessidade vem de Deus, onde também existe sem detrimento da sua perfeição absoluta. Sol sem ocaso, oceano de vida, natureza plena e perfeita, dotada de todos os encantos, beleza inenarrável, bondade infinita, Deus não pode deixar de querer-se e de se amar tal como é: em se querer e em se amar consiste a sua felicidade. Não há violência, nem fatalidade neste atrativo de Deus para si mesmo, para a sua essência perfeitíssima. Tudo aí é doçura, luz, razão infinita; e este atrativo, longe de ferir o poder universal da sua vontade, subministra-lhe a mesma plenitude do ser divino. Entretanto, senhores, há em Deus uma verdadeira necessidade, e pois que estamos estudando a liberdade de Deus, não é evidentemente no ato da sua vontade com referência à sua perfeição suprema, que a devemos encontrar. Onde existe, pois? No ato da vontade divina com referência às criaturas.

Os antigos inventaram um ser frio e implacável a que chamaram o destino. Sem olhos, sem ouvidos, sem razão, sem entranhas e, entretanto, dotado de uma vontade onipotente, soberana dos deuses e dos homens, esta divindade espantosa e terrível não governava os seres, dominava-os fatalmente. Mas esta divindade passou; a nossa razão, esclarecida pelas sãs ideias e pela experiência, celebrou os funerais do *Fatum*, e enterrou com ele a odiosa superstição que era a desonra do céu e o espanto do gênero humano. Hoje, o homem que invocasse o destino moveria à compaixão se não excitasse o riso. Nós cremos que Deus é livre no ato da criação, no governo do mundo; quer dispense os seus dons e benefícios, quer os suspenda e retire; e acreditamo-lo, senhores, porque assim o proclamam os nossos atos religiosos, assim o exige a perfeição de Deus.

Percorrei a Escritura, a história mais completa das relações de Deus com a criatura, não encontrareis uma só página onde não se dê a Deus o nome de *soberano* e *senhor*, nomes que, segundo o contexto dos lugares onde aparecem, tendem antes a tornar bem clara a soberana independência da vontade divina, do que a necessidade do primeiro princípio de todas as causas. Essa independência soberana exerce-se em toda a obra divina. A livre vontade de Deus, e não as necessidades da sua natureza, é norma divina na manifestação externa dos seus atributos. *Omnia operatur secundum consilium voluntatis suae.*[87] Espírito único e sempre o mesmo, Deus reparte os seus dons como lhe apraz. *Haec operatur unus atque idem spiritus dividens singulis pro ut vult.*[88] É livre na sua misericórdia e clemência para com os pecadores: *miserebor cui voluero, et clemens ero in quem mihi placuerit;*[89] plenamente livre na sua justiça: *Deus ultionum libere egit.*[90]

A nossa vida religiosa proclama a liberdade de Deus que a Escritura nos ensina em termos tão claros e precisos. Repetimos incessantemente um ato que seria incompressível desde que fosse dirigido à necessidade. Refiro-me à prece, senhores, a essa expansão de uma natureza indigente para um coração liberal, a esse grito da miséria para a suprema beneficência. O homem ora e suplica, e, digam o que disserem, façam o que fizerem, nada há que o demova de suplicar. Inventaram-se sistemas para lhe provar que pratica um ato inútil; o homem desprezou esses sistemas; empregou-se a violência para impedir que se aproximasse do santuário a fim de implorar a graça divina, o homem reagiu contra essa violência; o orgulho aconselhou-o a que recorresse à sua coragem e ao seu coração magnânimo, mas o orgulho cansa-se de sofrer e a miséria triunfante brada à sua vítima: — Por que te revoltas e obstinas? Joelho em terra, infeliz, joelho em terra, que já é tempo! — Não, não, senhores, os sistemas, a violência, o orgulho não resistem a essas ondas de amargura e agonia que transbordam do coração humano atormentado pelo infortúnio, a essa tempestade de desejos que nas horas de crise implora auxílio e proteção. Solitário no lar doméstico, peregrino em numerosa

87 Ef I, 5.
88 I Co XII, 11.
89 Ex XXXIII, 19.
90 Sl XCV.

romaria nos lugares que a clemência do céu tornou célebres, o homem ora e suplica: — "Ó Deus, diz ele, vinde depressa em meu auxílio." — "Senhor, salvai-nos, porque perecemos. Senhor havei piedade do nosso povo e desviai de sobre ele o jugo da vossa cólera." — E quando as portas do céu violentadas pelas súplicas dos infelizes se entreabre e a graça divina desce, que transportes, que satisfação, que festas, que doces hinos de amor e gratidão! — "Nós vos louvamos, ó Deus, exclamam milhares de vozes, nós confessamos que sois o senhor dos vossos dons." *Te Deum laudamus, te Dominum confitemur.*

Pergunto, senhores, é possível que semelhantes atos sejam uma ilusão, uma inutilidade grotesca do sentimento religioso? Não, vós não estais convencidos de tal, e se estivésseis, não teríeis a coragem de o dizer, que tão elevada e imponente é grandeza e a majestade do homem suplicante. E todavia era forçoso ter aqueles atos como ilusórios e inúteis se a efusão das graças e benefícios de Deus fosse regulada não pela liberdade, mas pela necessidade. A necessidade é implacável e surda aos gritos dos infelizes, a liberdade escuta-os comovida. Se Deus não fosse livre, há muito que nos teria dito: "Calai-vos, não me importuneis com os vossos prantos inúteis, não dirijais ao nada as vossas súplicas e as vossas lágrimas; eu tenho as mãos atadas, nada posso fazer em vosso favor." Mas Deus não disse tal; pelo contrário, ordena-nos que peçamos para receber: *Petite et accipietis.* Os bens que nos liberaliza não são *bens devidos*, bens que a necessidade arranca das suas entranhas paternais; são benefícios. É infinitamente liberal, e, segundo a bela palavra de Sêneca, a liberalidade recebe o seu nome da liberdade. *Liberalitas, quia a libero animo proficiscitur, ita nominata est.*[91]

Estranha coisa seria que nos gloriássemos de uma perfeição que não existisse na origem de toda a perfeição, porque bem sabeis que a liberdade é uma perfeição, e das mais excelentes, pois que em si não supõe imperfeição alguma. Há perfeições relativas que, sob certo respeito, não podemos afirmar de Deus, como a

91 Lib., de Vita Beata, cap. XXIV.

extensão que supõe a divisibilidade, a duração, que supõe a sucessão de instantes, o movimento, que supõe a variabilidade; mas há também perfeições absolutas, a que chamam simplesmente perfeições, *perfectiones simpliciter*, que devemos afirmar de Deus em grau infinito, como a simplicidade, a inteligência, a sabedoria, a bondade. Ajuntai a liberdade, senhores, e gloriai-vos em a possuir: é dentre todos os dons naturais o que mais nos nobilita e honra. Admiro o talento, mas prefiro-lhe um coração livre. Um homem pode ter um talento medíocre; mas se é verdadeiramente independente, tem direito à homenagem do nosso respeito. Pelo contrário, o homem que se deixa algemar a ponto de lhe ser impossível o rompimento de alianças culpáveis, ou sair de uma situação imoral, é digno de desprezo, ainda que seja a mais bela inteligência do mundo. A inteligência torna o homem esclarecido e as nações policiadas; a liberdade produz os heróis, os santos, os mártires, os grandes povos. Pela inteligência, nada mereço; pela liberdade, posso merecer tudo, e, se prestamos homenagem às luzes do homem, é à liberdade que tais homenagens são devidas, porque a inteligência nada teria feito se livremente não quisesse exercer a sua atividade.

Sejamos lógicos, senhores, não ofendamos, por uma restrição injustificável, os princípios que até aqui nos serviram de base para conhecermos as perfeições de Deus. Todo o bem criado existe eminentemente no bem supremo; logo, não podemos negar a liberdade naquele a quem é devida toda a honra e glória; e pois que é grande e belo o poder dizer sem necessidade: — quero ou não quero —, ao ser perfeito não pode nunca faltar tal grandeza e beleza. Assim como Deus tem infinitamente mais direitos do que nós para se chamar sábio, assim também possui infinitamente mais direitos do que nós para se chamar livre. Sabeis muito bem que o que realiza a suprema perfeição de um ato livre é a suprema independência da sua determinação. O homem, senhores, nunca pode ter essa independência; se analiso as eleições da nossa vontade, descubro sempre um atrativo qualquer que as faz pender mais para um lado do que para outro, uma coisa qualquer estranha e que é, conosco, causa concorrente das nossas determinações. Pelo contrário, é tal a distância que medeia entre Deus e os seres que tirou do nada e governa, que não podem ter de si nenhum atrativo para Ele: a Deus basta-lhe a sua bondade infinita. É esta bondade única que o determina a operar externamente, ela e só ela é a causa de seus atos livres.[92]

Dir-me-eis: Deus é livre, mas que liberdade é essa que não pode merecer nem desmerecer? A verdadeira glória das nossas determinações não consiste porventura na energia da luta, no triunfo alcançado sobre as tendências para o mal, na prática constante do bem? Ó guerra cruel e sublime da nossa alma sempre combatida pelos mortais inimigos da virtude, é a ti que devemos as nossas vergonhas e os nossos remorsos, mas é também a ti que devemos as nossas maiores alegrias, a estima dos nossos semelhantes e a coroa imortal que é a justa recompensa dos generosos esforços do homem livre! — Que intentais vós, senhores, com essa apologia dos vossos combates e das vossas vitórias? Intentais provar-me que a liberdade consiste essencialmente em não poder escolher senão entre estes dois contrários, o bem e o mal? Mas isto não é verdade, bem o sabeis. Se me determino a obrar ou não obrar, a fazer isto de preferência a aquilo, tanto basta para que seja livre, não é necessário que me coloqueis na alternativa do bem e do mal. Escutai as palavras de Leibniz: "A essência da verdadeira liberdade, da mais perfeita, consiste no poder de usar justamente do arbítrio e de sempre exercer esta faculdade sem ser violentado pela força externa ou pelas paixões internas; aquela porque escraviza o corpo, estas a alma. Nada há menos servil do que a tendência constante para o bem, tendência espontânea, natural, exercida sem violência nem constrangimento."[93] A prática do mal, senhores, não é, pois, um aperfeiçoamento, mas uma defecção da nossa liberdade. A faculdade de transtornar a harmonia dos fins é uma imperfeição na ordem moral, do mesmo modo que a faculdade de transtornar a harmonia dos princípios é uma imperfeição na ordem intelectual.[94] Se tivéssemos a ventura de ver claramente o

92 Cf. Summ. Theol., I, quaest. 14, a. 10 et a. 5.

93 Essais de Théodicée.

94 *Liberum arbitrium sic se habet ad eligendum ea quae sunt ad finem, sicut se habet*

bem em toda a formosura do seu esplendor, o mal em toda a sua hediondez repugnante, certamente que não hesitaríamos um só instante; determinar-nos-íamos pelo bem sem luta, sem esforços. Aprouve, porém a Deus, permitir, para nos provar, que a ignorância e as paixões lançassem um véu sobre o nosso espírito e que faltas criminosas desonrassem a nossa liberdade. É certo que não queremos o mal porque é mal, no entanto, vítimas das trevas que não soubemos dissipar, dos apetites que não tivemos a coragem de dominar, chamamos bem ao que não o é, ou melhor, desviamos o bem do seu verdadeiro e eterno destino. O homem geme ao ver-se ultrajado, e a consciência, no drama íntimo dos remorsos, brada-lhe esta palavra vingadora: *Qui facit peccatum servus est peccati.*[95] É esta vergonha que reservais para Deus reclamando para Ele a liberdade do bem e do mal? Ah! Senhores, não blasfemeis da sua felicidade, da sua ciência e da sua inviolável santidade. O ser que é a suprema bem-aventurança não necessita de provas; na luz eterna não há nem leve sombra; o Santo por essência não experimenta os desejos que vos atormentam, os apetites que vos devoram, nem ouve a odiosa voz da ambição, bradando constantemente: *affer! Affer!* Mais! Mais! Deus está engolfado no gozo pleno da sua bondade suprema, a sua ciência profunda revela-lhe todas as amabilidades daquela bondade absoluta, e a sua vontade puríssima não pode deixar de se amar com um amor invencível e inesgotável. Não, não, Deus não pode querer o mal; o bem por essência não pode negar-se a si mesmo;[96] e longe de verdes nisto um defeito da liberdade em Deus, admirai antes a sua perfeição.[97]

---

intellectus ad conclusiones. Manifestum est autem, quod ad virtutem intellectus pertinet ut in diversas conclusiones procedere possit secundum principia data; sed quod in aliquam conclusionem procedat, prætermitendo ordinem principiorum, hoc est ex defectu ipsius: unde quod liberum arbitrium diversa eligere possit, servato ordine finis, hoc pertinet ad perfectionem libertatis ejus; sed quod eligat aliquid, divertendo ab ordine finis, quod est peccare, hoc pertinet ad defectum libertatis. Unde major libertas arbitrii est in Angelis, qui peccare non possunt, quam in nobis peccare possumus (Summ. Theol., I, quaest. 62, a. 8 ad 3.).

95 Jo VIII, 34.

96 *Deus enim omnino peccare non potest, sicut non potest negare seipsum. Homo autem potest peccare et Deum negare: sed si nolit non facit* (Aug., Lib. XXII, contra Faustum, cap. XXII.).

97 Cf. Summ. Theol., I, quaest. 19, a. 9.

Insistis, porém, senhores, e, tomando como ponto de partida não a natureza defectível dos atos humanos, mas a natureza indefectível dos atos divinos, negais a liberdade destes atos. De feito, afirmais que o ato, mediante o qual Deus quer, é único e indivisível; não sucede nos tempos, mas precede todos os tempos; não se modifica segundo os acontecimentos e as circunstâncias, mas é perpetuamente o que foi na sua origem; não começou, não muda, porque a eternidade e a imutabilidade são as suas características próprias e indefectíveis. Ora, a eternidade e a imutabilidade repugnam à liberdade. É da essência do ato livre o poder mudar a cada instante e modificar-se ao arbítrio de quem o pratica. Hoje tomamos uma resolução, é de necessidade para que sejamos livres que amanhã, a todo o instante, a possamos alterar. Desde que a eternidade e a imutabilidade são as características essenciais de uma determinação, desaparece o arbítrio, é impossível a liberdade.

Estais enganados senhores; sois vítimas de uma ilusão, desgraçadamente comum sempre que raciocinamos acerca das coisas divinas. Credes na melhor boa-fé que tomais como ponto de partida a natureza indefectível de Deus, quando é certo que partis da vossa natureza defectível arvorando-a em norma para julgar o infinito. Esquecei as vossas fraquezas, analisai de perto a perfeição do livre-arbítrio e vereis como é perfeita a harmonia da eternidade e da imutabilidade com aquela perfeição. Por isso que perseverais inabalavelmente numa resolução, feita com toda a madureza da vossa sabedoria, sois porventura menos senhores de vós mesmos, menos independentes dos homens e das coisas, menos gloriosos na vossa liberdade? E na hipótese de que no primeiro instante da vossa existência vos foi revelada minuciosamente a sua duração, o meio em que havia de expandir-se, e de que, em consequência desta revelação, tomastes livremente uma determinação fixa que deve pôr-vos ao abrigo de toda a surpresa, nesta hipótese, dizei, não foi livre a vossa determinação? Foi, certamente: negá-lo seria o cúmulo da sem razão. Estar isento das fraquezas que nos colocam na necessidade de revogar constantemente as nossas determinações, é, se não me engano, a mais elevada perfeição da liberdade. Em Deus, senhores, existe esta elevada perfeição da liberdade. Ser eterno, a norma do seu querer é o conselho da sua sabedoria eterna e imutável; o seu querer é livre e imutável como a sua sabedoria.[98]

Contudo, senhores, podeis propor-me uma verdadeira dificuldade, acerca da qual a razão humana, segundo o sentir de graves e doutos teólogos, não poderá nunca dizer a última palavra. Ei-la em todo o seu vigor e nobre sinceridade: o querer de Deus não procede de uma potência, é um ato único e indivisível que, em virtude da simplicidade divina, não se pode distinguir realmente do ser divino; o ser divino é necessário, logo, o querer divino é necessário: como conciliar isto com a liberdade?

Eu já disse, senhores, que Deus, com referência à sua bondade, não pode deixar de querer-se tal como é. Com referência, porém, às criaturas, eis o que Santo Tomás nos ensina: Deus quer as criaturas, mas não em virtude de uma necessidade absoluta, porque, ainda que sejam ordenadas ao bem supremo, não tem necessidade delas para a consecução deste bem; enquanto, porém, as quer em virtude de uma necessidade hipotética, isto é, suposto que se determina a criar, não pode deixar de tomar eternamente esta determinação, imutável como o seu ser.[99] E se Deus não se determinasse a criar? — Pois bem; determinava-se a não criar, nas mesmas condições já indicadas. — Então o ato divino não é o mesmo? — É, quanto ao seu objeto exterior e contingente; não, em si mesmo. Que Deus queira criar ou não criar, temos sempre o mesmo ato de uma vontade em si necessária que se determina a produzir ou não um efeito com o qual não tem nenhuma relação necessária.[100] É a doutrina de Santo Tomás. Provai contra ele, senhores, que o mesmo ato divino não pode ser simultaneamente necessário e livre segundo as suas diversas relações, quer com o

98 Cf. Summ. Theol., I, quaest. 19. a. 7.

99 Cf. Summ. Theol., I, quaest. 19, a. 3.

100 *Cum bonitas Dei sit perfecta sequitur quod alia a se eum velle non sit necessarium. Determinat seipsam ad volitum, ad quod habet habitudinem non necessariam* (Summ. Theol., I, quaest. 19, a. 3, c. et ad 5).

bem supremo, quer com os objetos de tal modo dominados pela perfeição divina que não podem ter para ela atrativo algum. Provai que o mesmo ato divino realizado necessariamente pelo ser perfeito não pode ser ao mesmo tempo soberanamente independente dos seres imperfeitos. Provai que as criaturas para quem Deus é tudo e que nada são para Deus podem, quer existam quer não, modificar o seu ser. Provai tudo isto, eu vo-lo peço. — Espero tranquilo a vossa demonstração, porque sei a priori que os vossos esforços reduzir-se-ão a sutilezas que tornarão estéreis os vossos raciocínios. Não tenho dúvida em afirmar que tentareis julgar por vós o infinito. Dissertareis, em que vos pese, sobre a necessidade como se se tratasse de uma lei superior a Deus que o obriga a ser o que é e como é; ressuscitareis o destino; e Deus é necessário só porque tudo subsiste nele, e porque ele subsiste de si mesmo. Representareis obstinadamente a liberdade como uma potência indiferente a muitos atos, recebendo do seu objeto uma determinação perfectiva, sendo que a liberdade divina é um ato puro e simples, indiferente para muitos objetos e determinando a sua perfeição.[101] Provar-me-eis que nada compreendeis, nem podeis compreender, com referência à natureza e harmonia da liberdade em Deus, e não podereis destruir no meu espírito as duas certezas que passo a expor. Em primeiro lugar, é certo que Deus é soberanamente independente das criaturas, porque se em Deus houvesse uma tendência necessária para as criaturas, não só as criaturas não poderiam deixar de existir, senão que também existiriam todas simultaneamente no estado de ser indeterminado e infinito, o que é absurdo. Em presença deste absurdo fatal, concluo a necessária liberdade de Deus.[102] Em segundo lugar, é certo que a liberdade é uma perfeição; ora, em Deus deve necessariamente existir toda a perfeição, logo é de necessidade que

101 *Deus qui est primum agens omnium rerum, non sic agit, quasi sua actione aliquid acquirat, sed quasi sua actione aliquid largiatur; quia non est in potentia, ut aliquid acquirere possit, sede solum in actu perfecto, ex quo potest elargiri* (Summ., Contra Gent. Lib. III, cap. 18).

102 Cf. Summ. Theol., I, quaest. 19, a. 4. c.

Deus seja livre. Bastam-me estas duas certezas, senhores, e, com o melodioso Píndaro, repito: O que é inacessível aos sábios, por que não há de sê-lo aos ignorantes? Querer, pois, investigá-lo é loucura.[103]

Admito sem dificuldade que há um enigma sagrado na harmonia da liberdade divina com a necessidade. Adoro nesta santa obscuridade a majestade do meu grande Deus, e espero tranquilo o dia das revelações repetindo a sublime exclamação do Apóstolo: *O altitudo!* Ó profundidade!

Deus quer livremente; mas vós compreendeis, senhores, que a vontade livre de Deus não seria plena se pudera encontrar algum obstáculo invencível. É de necessidade, pois, que a vontade seja onipotente, dotada de uma onipotência ativa que pertence eminentemente à suprema atividade.[104] Um Deus que não pode tudo o que quer não é Deus. *Quid quod vult non potest Deus non est.*[105] "Que estranha composição, diz sutilmente um antigo autor, haveria no ser divino se o seu poder não fosse igual à plenitude da ciência que abarca todo o possível! Sendo a ciência e o poder de Deus uma e a mesma coisa com o seu ser, seguir-se-ia que o mesmo ser seria ao mesmo tempo maior e menor do que ele mesmo, o que é um monstruoso absurdo."[106] Assim, pois, senhores, provada a existência de Deus, ninguém há que razoavelmente possa negar a onipotência da sua livre vontade. A esta onipotência libérrima a Escritura dedica, a bem dizer em cada página, hinos de louvor; é o único atributo mencionado no símbolo, porque é esse atributo, se assim me posso exprimir, o que mais se vê. Entra em nossa alma por todas as portas dos sentidos, impõe-se por um fato brilhante que se descobre antes que todos os outros, o fato

103 *Quod ultra est sapientibus inaccessum est et insipientibus, non igitur persequar, vanus enim essem.* Τὸ προσω δ'ἔστι σοφοῖς ἄβατον χὰσόφοις οὐ μήν διώξω χενος εἴην. Pindare. Olymp. 3 in fine.

104 Cf. Summ. Theol., I, quaest. 25, a. 1.

105 Petr. Chrysolog. Ser. CXLI. *Non enim vere Deus est qui quod vult non potest.* (Tertul. Cont. Marcion. c. II).

106 *Si aliquid de potentiae plenitudine intelligit quod habere non possit, erit majus aliquid in ejus nosse quam in ejus posse, quorum neutrum aliud est quam ipsius esse. Erit ergo unum idemque esse et seipso majus, et seipso minus quo nihil est impossibilius.* (Richard Victorinus. Lib. I, De Trinit. cap. 21).

da existência; convence a nossa fraqueza; serve-nos de ponto de partida para descobrir uma depois da outra todas as perfeições divinas.

Deus é onipotente, pode tudo o que quer. *Quidquid vult potest.* A Deus e não a nós é que rigorosamente se pode aplicar aquela enérgica e altiva frase de que nos servimos algumas vezes como estímulo para a prática da ação: *Querer é poder*. É certo que uma resolução enérgica pode triunfar sobre obstáculos imaginários que o temor ou o afeto desordenado à nossa tranquilidade produzem a seu bel prazer; mas é igualmente certo que o nosso poder é limitado por outros poderes que nem sempre podemos vencer, e que não raras vezes se gastam as nossas forças físicas e morais antes de realizarmos o nosso querer. Estes querem convencer-nos de que foram vítimas da obstinação da imprudência ou do endurecimento das paixões; aqueles gloriam-se de terem conquistado uma situação que dizem honesta à força de uma vontade perseverante, quando é certo que foi a audácia ou a sagacidade quem lhes assegurou o bom resultado dos seus intentos. Enfim, senhores, o *querer é poder* ou é uma mentira do nosso orgulho ou um vão disfarce da nossa fraqueza.

Só em Deus é que são idênticas a vontade e o poder, e o ato mediante o qual se manifestam simultânea e soberanamente é o que tirou todas as coisas do nada para a existência.[107] Por elevado que seja o nosso gênio, por vasto que seja o nosso poder, e por maravilhosos que sejam os progressos da nossa realeza sobre o mundo, temos necessidade do ser para operar, e o termo da nossa ação não sai da ordem das relações e das formas. Deus não tem necessidade do ser, criou-o, e, sob este ponto de vista, pode-se dizer que não há nada grande ou pequeno na sua obra. O átomo do mesmo modo que a esfera imensa, a matéria como o espírito, demonstram, no fato da sua existência, a existência do infinito. É necessária a onipotência, assim, para criar um grão de areia, como para criar as miríades de seres que povoam os espaços.

107 Θεοῦ δὲ ἡ δύναμις ἐν τούτῳ φανεροῦται ὅτι ἐξ ουχ ὄντων ποιῆ ὅσα βούλεται. (Theop. Antioch. Lib. ad aut).

O poeta disse com razão:

O inseto vale um mundo: tal o seu preço.[108]

Deus criou, e basta dizer-vos, senhores, que a sua vontade exerce um domínio soberano sobre todo o ser e sobre toda a vida. E é impossível que Deus seja o Senhor absoluto da existência, e não seja ao mesmo tempo o senhor absoluto das suas manifestações.

Deus pode tudo o que quer; no céu e na terra, no mar e nos abismos: *Omnia quaequmque voluit fecit; in caelo, in terra, in mari et in omnibus abyssis.*[109] *In caelo:* no céu azul, onde brilham os astros; no céu da alma esclarecido pela razão, onde cintilam como estrelas os nossos pensamentos e os nossos desejos; in terra: na terra inanimada, onde germinam as plantas, onde se movem os seres vivos; na terra animada, o nosso corpo, onde todos os movimentos obedecem ao nosso espírito; *in mari:* no mar, onde habitam os monstros que desencadeiam as tempestades da atmosfera; no mar, onde se agitam as paixões que algemam a liberdade; *in omnibus abyssis:* nos abismos, onde se escondem os tesouros, onde se ouve a grande e misteriosa voz das torrentes; nos abismos do coração, onde se ocultam os merecimentos e de onde sobem incessantemente os clamores dos nossos desejos insaciáveis. Sim, senhores, a nossa alma, com todas as nossas faculdades, está sujeita, queira ou não queira, ao soberano domínio de Deus. Pode o espírito humano opor-se aos sinais externos da vontade divina; mas é certo que esta vontade sempre santa realiza sempre, por meio de traças invisíveis, o fim intentado pela sua sabedoria e decretado pela sua onipotência.[110] Algumas vezes a alma abranda de repente, no mesmo ato da sua mais altiva resistência, como esses cavalos indóceis que a perícia e a destreza de um robusto picador tornam submissos e dóceis; Faraó capitula, Paulo cai por terra e exclama: Senhor, que quereis de mim? Agostinho chora e despedaça as cadeias muito amadas das suas paixões. Na ordem social, se de tempos em tem-

108 Lamartine. Medit. II. L'Homme.

109 Sl CXXXIV.

110 Cf. Summ. Theol., I, quaest. 19, aa. 6, 11, 12.

pos sucede que homens descrentes preparam com astúcia infernal e inabalável constância a ruína de instituições e de povos, visivelmente protegido por Deus, o auxílio do céu desconcerta os planos dos ímpios, inutiliza a sua ação prestes a lograr o fim intentado: aos obreiros de Satã, Deus opõe oportunamente homens providenciais que são os instrumentos da sua destra onipotente. Vós vistes estes fatos, senhores, e vê-los-eis ainda num futuro não distante, assim o confio, assim o peço, assim o espero tranquilo. Mas só no dia em que nos forem revelados os mistérios do governo divino é que compreenderemos esta verdade: Deus opera tudo o que quer: *Omnia quaequmque voluit fecit.*

E não me objeteis, senhores, com impossibilidades pueris que só podem desconsertar os espíritos noviços na arte de filosofar. Por exemplo: Deus não pode fazer que uma coisa passada não seja, que um círculo seja quadrado, que dois e dois sejam cinco. Sim, estou de acordo convosco; uma coisa não pode ser e não ser ao mesmo tempo, o absurdo pode ser pensado, mas não pode ter uma existência real. Exigir que Deus criasse o absurdo, o mesmo é que exigir que criasse o nada. E o não poder criar o nada, não é certamente um sinal de impotência.[111]

Nem me digais também que Deus, podendo tudo o que quer, deve querer tudo o que pode, que podendo o melhor deve querer a melhor de todas as suas obras possíveis. O otimismo é tão verdadeiro quando se aplica ao modo perfeito por que Deus obra e à mesma essência das coisas que criou, quanto é falso e injurioso quando se aplica às diversas obras que podem provir da palavra onipotente do Criador. Deveis lembrar-vos que nenhum ser pode ser o termo necessário da vontade divina, e que, no vasto campo do possível, Deus é livre na escolha das suas obras.[112]

Enfim, senhores, não espereis que Deus realize tudo o que pode fazer; porque é esperar que esgote a sua onipotência infinita.[113]

---

111 Cf. Summ. Theol., I, quaest. 25, a. 4.
112 Ibid., a. 6.
113 Ibid., a. 5.

Todo onipotência, e não poder esgotá-la, eis outro mistério da perfeição divina; mistério em presença do qual Santo Agostinho exclamava: Admirável profundidade, Deus meu, admirável profundidade! *Mira profunditas, Deus meus, mira profunditas!*[114]

Não ousarei sondar esta profundidade; no entanto, suficientemente instruído do modo por que Deus quer, tentarei fazer-vos compreender o que é que Ele quer.

II

"O amor divino, escreve S. Diniz, é como um círculo eterno, onde o bem é simultaneamente o plano, o centro de atração e de expansão, o raio vetor e a circunferência: círculo que descreve, numa revolução invariável, a bondade que atua sem sair de si mesma e volta ao ponto que nunca abandonou."[115] Senhores, o amor divino de que se fala neste admirável texto é a vontade de Deus aplicada ao seu objeto próprio, o bem, porque o amor é o ato da vontade tendendo para o bem, *amor est actus voluntatis in bonum.* Em Deus esse ato é santo, porque Deus só quer, e não pode deixar de querer, o bem; e é tão essencial à sua natureza que não pode desprender-se dele. Eis precisamente o caráter específico da santidade: a permanência, a estabilidade, a imutabilidade no bem.

Qual é, no entanto, o bem que Deus ama? Um só e único, senhores, o seu bem eterno, infinito, inenarrável. Ama-o necessariamente em si mesmo e por si mesmo, ama-o livremente em nós e por nós. Não tentemos sondar o mistério desse castíssimo amor com que Deus ama a sua própria bondade, fruindo-a de um modo tão inefável que a linguagem humana nunca pôde nem jamais poderá explicar. Deus digna-se abater o seu amor até às criaturas que tirou do nada! Tanto basta para que, transportados de assombro, perguntemos: Por que é, e como é que Deus nos ama?

---

114 Confession, lib. XII, cap. XIX.

115 *Tanquam sempiternus circulus propter bonum, ex bono in bono et ad bonum indeclinabili conversione circumiens, in eodem et secundum idem, et procedens semper, et manens ei remans* (De divin. nominibus, cap. IV, 14).

Eu sei o que é que inspira o amor aos nossos corações, e o que neles produz este indefinível sentimento. Houve um dia em que como que despertamos de um sono pela aparição de um ser, cuja beleza resplandece aos nossos olhos mais do que todas as outras belezas. Sentimos em nós uma vocação misteriosa, e o nosso coração que, até este mesmo momento, havia atravessado com tranquilidade indiferente através da multidão inumerável das criaturas que se agitavam em volta dele, o nosso coração detém-se e diz: eis o lugar do meu repouso. *Haec requies mea.* Está feita a eleição. Encantadoras ilusões de belezas carnais, origem trágica das nossas loucuras, das nossas vergonhas e dos nossos crimes, não venhais macular agora o pensamento dos que me escutam, nem mendigar dos meus lábios sagrados uma apologia sacrílega. Afastai-vos! Não é de vós que eu falo, o cristão não se deixa dominar dos vossos afagos; a beleza imaterial da alma, o casto esplendor da virtude, eis o que o seduz e atrai, eis o que ama. É necessário, porém, senhores, que a beleza nos apareça, que o seu esplendor nos arrebate, para que o amor nasça em nosso coração.

O seu primeiro ato é a eleição, o segundo é expansão; o amor liberaliza benefícios, porque amar, diz Santo Tomás, é querer o bem daquele que se ama: *amare est velle bonum alicujus*[116] e é impossível querer eficazmente este bem se o coração que ama não o procura com empenho. Gozar do amor, repousar no sentimento que produz e nada fazer pelo objeto amado, é o puro egoísmo. Repito ainda, o amor liberaliza benefícios. E não se contenta em contemplar a abundância e harmonia do bem que faz a beleza do objeto amado, senão que procura o aumento daquele bem, sacrificando-se até, se tanto for necessário, para o conseguir. Imagina mil indústrias, prevê as necessidades do objeto amado, adivinha os seus desejos, vive inquieto, esquece-se de si, não vê outra coisa, vive só para o seu ideal, segundo esta bela palavra: *Anima magis est ubi amat quam ubi animat:* a alma vive mais no objeto que ama do que onde produz a vida.

116 Cf. Summ. Theol., I, quaest. 2, a. 1 et 2.

E onde está o coração miserável, que ame assim e que não se sinta sensibilizado? A não ser que haja um desses milagres de sensibilidade, de que a natureza é, felizmente, avara, parece-me impossível a existência de um tal coração. A expansão do amor é o maior encanto, e a dedicação a maior beleza que podemos contemplar numa criatura.

O amor é, pois, a compensação do amor: eis a lei. Dois seres separados, mas que um encontro fortuito aproximou, identificam-se nas mesmas ideias e sentimentos, nos mesmos gestos e desejos, e, em certo modo, na mesma vida: realizou-se a união, comunicou-se o amor.

Eis, senhores a história resumida do mais doce, do mais forte e generoso de todos os sentimentos do nosso coração. Notai que coloquei à parte as afeições informadas pelo instinto do sangue, do dever, do interesse, porque tudo isto, bem o sabeis, é mui alheio à vontade divina. Falo unicamente do amor puro e espontâneo, o que melhor se compadece com o ser perfeito, porque é, cá na terra, o amor das almas perfeitas. Pois bem: é este o amor com que Deus nos ama? — Não, senhores. É escravidão a liberdade dos nossos afetos, é impureza a sua pureza, se os comparamos à liberdade e pureza santíssimas do amor divino.

Deus amou-nos, escreve o Apóstolo, antes que nós o amássemos, *prior dilexit nos.*[117] Escolheu-nos antes que um leve traço da nossa beleza pudesse ferir o seu coração, quis o nosso bem antes que existíssemos para o receber: o seu amor precede-nos, prepara-nos benefícios e no-los liberaliza superabundantemente antes que os olhos de nossa alma se abram para conhecer tão grande benefício. A beleza vitoriosa que se apossa do nosso coração é a causa do seu amor; mas que beleza havia em nós quando ainda não existíamos, quando Deus via na sua essência que podíamos ser? Não era a nós, mas à sua bondade que Ele amava então, e este amor lhe bastava, e este amor o enchia de delícias inexprimíveis. No entanto, Deus quis que existíssemos, fez, em nosso benefício, o que nenhum amor poderia fazer; deu-nos

117 I Jo IV, 10.

o ser, e deu-no-lo para que fosse o receptáculo dos seus benefícios infinitos. Compreendeis algo deste mistério? Se Deus tivera necessidade, como nós, de um certo sentimento de contentamento e, em certo modo, de uma vida nova na expansão da sua ternura!... Mas não, a sua beatitude é plena, a sua vida perfeita sem nós. Nada somos para Ele, e Ele é tudo para nós. Ao menos quando amamos a Deus, logramos comover o seu coração e conseguir que nos ame ainda mais? — Assim o devemos crer, senhores, porque, estudando a gênese das nossas ações, chegamos ao conhecimento de que Deus criou em nós o amor, como criou em nós o ser e a luz. "Sim, sim, diz o melífluo e terno São Bernardo, por isso mesmo que sinto que amo, creio que sou amado; e, por isso mesmo que sou amado, ouso amar aquele que me ama. É o amor de Deus que inspira o amor do meu coração; é a sua benevolência que previne a minha alma e a torna benévola, é a solicitude do seu amor que produz a solicitude do meu amor: Deus será, pois, para conosco, o que nós formos para com Ele".[118]

Ó santo amor do meu Deus, perdoai a minha ousadia em vos comparar ao amor dos homens. O amor é uma tão bela coisa em nossa vida miserável que julgo encontrá-lo no céu, tal como existe na terra; mas conheço bem que se dá com o amor o mesmo que com as outras perfeições terrenas; é uma pálida imagem, uma leve sombra da vossa perfeição infinita, ó meu Deus! O nosso amor procura o bem, abraça-o, sacia-se nas suas delícias, o vosso amor produz o bem e reparte-o por todas as criaturas; o nosso amor aperfeiçoa-se expandindo-se, o vosso amor perfeitíssimo liberaliza gratuitamente benefícios; o nosso amor vive feliz com os seus dons, o vosso amor liberaliza os dons que produzem a felicidade; o nosso amor inspira outro amor, o vosso cria e compensa todos os amores. Enfim, ó meu Deus, o vosso amor é, com

118 *Jam se, o bone Pater, vermis vilissimus, et odio dignissimus sempiterno, tamen confidit amari, quoniam se sentit amare: imo quia se amari praesentit non redamare confunditur* (Lib. V, de Confid., c. 4). *Ex propriis, quae sunt penes Deum agnoscit, nec dubitat se amari quae amat. Ita est, amor Dei amorem animae parit, et illius praecurrens intentio intentatu animam facit, sollicitudo sollicitam: igitur qualem te paraveris Deo, talis oportet appareat tibi Deus* (Serm. 69, in Cant.).

a vossa sabedoria, o sublime artífice de todo o bem dos seres; os seres são outros tantos benefícios, cheios de benefícios do vosso amor; o vosso amor é liberal para com todos, e isto é grande; é liberal para com os indignos, e isto é grandeza maior; é liberal para com os ingratos, e isto é ainda grandeza maior; é liberal para os que o rejeitam, e isto é o cúmulo da grandeza; e não tendo mais que liberalizar deu-se a si mesmo, e a vós com ele, o que é verdadeiramente divino.[119] Ó Deus do meu coração, o vosso amor é o amor eficaz, generoso, desinteressado, o amor puro, o amor santo. Devemos repetir em sua glória, e repetir incessantemente as magníficas e profundas palavras de São Diniz: "O amor divino é como um círculo eterno em que o bem é simultaneamente o plano, o centro de atração e de expansão, o raio vetor e a circunferência; círculo que descreve numa invariável revolução a bondade que atua sem sair de si mesma e que volta ao ponto donde nunca saiu."

Estais plenamente convencidos, senhores, desta verdade: que Deus quer o bem, que o quer com amor? Não. — Parece-me que ouço um protesto saído do fundo dos vossos corações acusando-me, não de mentira, porque me julgais incapaz de mentir no ato solene de anunciar a palavra divina, mas de uma piedosa ilusão. Bem o sei, passastes pelo mundo uma vista d'olhos, que vos contristou por terdes encontrado a confusão e a desordem, o mal enfim, na natureza e nas almas. É natural que me pergunteis como é que uma vontade, tão onipotente como santa, pode consentir que o mal subsista numa obra que depende absolutamente do seu livre arbítrio. A questão é grave, concordo, e, precisamente porque é grave, tratá-la-ei a fundo, não agora, mas quando me ocupar do governo divino. Entretanto, como não posso romper o laço de união entre a santíssima vontade de Deus e o seu objeto, o bem, peço-vos que considereis que as defecções da natureza são o resultado de imperfeições que a liberdade divina não era

119 *Deus autem bona sua non parce, sed effusissime emitit: nam quod magnum est omnibus beneficia donat; quod majus est, donat indignis; quod maximum est, donat ingratis; quod maximo majus, donat invitis; quod divinum est, post dona sua dat seipsum* (Contenson. Theolog. Mentis et Cordis. Lib. II. Dissert. III, cap. II).

obrigada a evitar; que essas defecções são, na ordem universal das coisas, o que são as sombras num quadro, obra prima do gênio: fazem avultar a viveza das cores, a sublime magnificência daquele primor da arte. Considerai em segundo lugar, que as explicações acerca da existência do mal moral são necessariamente subordinadas ao princípio da inalterável perfeição de Deus; que esta perfeição inalterável não pode negar-se a si mesma; que, por conseguinte, o mal moral não é um efeito da vontade divina, mas que provém de uma vontade inferior e defectível, livre em refletir, no momento da prova, e responsável no demérito, livre ainda em reagir contra as paixões para ser fiel ao dever, conservar a sua honra e revestir-se da glória do mérito. Partindo destas considerações não nos será difícil, senhores, julgar, pela atitude de Deus perante o mal, que quer o bem com toda a força da sua vontade santíssima.

A esta vontade chamamos justiça, isto é, respeito prático e eficaz do direito, e manifesta-se, diz Santo Tomás, na distribuição de todos os bens, dando a cada um os que lhe convém, segundo a sua dignidade; não porque a criatura tenha, por si mesma, direitos à munificência do criador, mas porque a sabedoria e o amor eterno, princípios do bem e da ordem no bem, querem ser satisfeitos, e a justiça corresponde às suas legítimas exigências, pelo número, peso e medida que determinam a essência, a ação e as relações assim do infinitamente pequeno, como do infinitamente grande nos seres.[120] É ainda a justiça que, em homenagem ao direito augusto da verdade, coroa as virtudes triunfantes sustentadas no bom combate pelas promessas da eternidade.[121] E esta virtude austera nunca se nos revela com tanto esplendor como na repressão do mal e na vingança do bem ultrajado.

Não é a existência do pecado que me fazia duvidar de Deus, mas a sua impunidade. Vede, porém, senhores, a rigorosa solicitude com que Deus o castiga. Apenas se cogita a iniquidade,

120 Cf. Summ. Theol., I, quaest. 21, a. 1.

121 *In reliquo reposita est mihi corona justitiae, quam reddet mihi Dominus in illa die justus judex* (II Tm IV, 8).

ouve-se o grito de alarme da consciência ferida, e começam as angústias do remorso. Como aquele misterioso livro do Apocalipse, o pecado, que nos parece doce aos lábios, é amargo ao coração e provoca grandes convulsões, nas quais a nossa vontade rebelde luta contra a vontade santa que a repreende. Admiráveis e salutares torturas se produzem a crise do arrependimento; abominável e funesta tragédia se às convulsões do remorso sucede o sono da obstinação! Aconteça, porém, o que acontecer, não vos podeis queixar de Deus: o pecado foi fulminado no próprio coração que o concebeu. Há mais: cada pecado tende a produzir uma pena que lhe é própria, fruto maldito cujo acre sabor é necessário que gostemos. O orgulho traído nos seus desejos e desanimado nas suas pretensões torna-se em humilhação; a ambição prepara decepções cruéis e quedas irreparáveis; o egoísmo vê ajuntar-se aos tormentos que sofreu para satisfazer o seu apetite o isolamento e desprezo dos homens; a embriaguez da cólera desfaz-se contra as catástrofes cuja recordação odiosa perturba para sempre a tranquilidade dos nossos dias; a voluptuosidade, depois de ter aviltado tristes vítimas e imprimido na sua fronte um selo de ignomínia, estanca gota a gota as fontes da vida e manifesta a sua impudência e os seus vestígios vergonhosos a todos na estupidez e nos achaques de uma velhice prematura. E ainda não é tudo. O próprio Deus estende a sua mão sobre os miseráveis que os seus cálculos ou a sua boa fortuna puseram ao abrigo das penas que o pecado produz. Fere a saúde, os bens, a família; e, muito habituado à prática das prevaricações e dos crimes que a opinião pública facilmente absolve, o pecador pergunta espantado por que é que o visitam as enfermidades, os revezes, os desgostos domésticos, as separações, os lutos que rasgam o seu coração e lhe fazem derramar torrentes de lágrimas? Ah! Pecador, é a justiça que passa, a justiça que não esperavas, a justiça que vem dizer-te que praticastes o mal e que Deus quer o bem. Ó justiça! Os vossos golpes espantaram o céu, a terra ainda conserva as dolorosas cicatrizes deles, a história dos povos oferece-nos páginas sangrentas escritas pela vossa mão vingadora, e, há pouco ainda, viestes, armada de ferro e vestida de fogo, despertar a França criminosa do longo sono das suas iniquidades. Mas as penas temporais não são nas tuas mãos, ó justiça, mas do que advertências; é na eternidade que triunfareis, porque é lá que o mal, eternamente mal pela impenitência, atravessa um oceano de dores inesgotáveis, sempre desesperado ante a sua perspectiva eterna, sempre irritado por sentir as vossas vinganças e sempre obrigado a render-vos homenagem: *Justus es, Domine, et rectum judicium tuum.* Sois justo, Senhor, e justo é vosso juízo.

Senhores, provai-me que a justiça não é um bem, e eu não direi mais que Deus quer o bem; mas vós não podeis rejeitar a evidente manifestação da ordem no castigo do pecado. Não vos direi, contudo, que deveis agradecer ao pecado, porque vos fez conhecer a justiça de Deus em todo o seu esplendor infinito; há uma outra perfeição que me parece explicar melhor esta exclamação estranha da Igreja: *O felix culpa!* Ó culpa feliz!

A vontade divina chama-se misericórdia, nome dulcíssimo que não raras vezes evitou que o coração criminoso se precipitasse no abismo do desespero. Imperfeitos por natureza, recebemos o infortúnio de outrem como uma ferida que faz sangrar o nosso coração; sofremos quando vemos sofrer, amerciamo-nos quando a miséria solicita a nossa compaixão. Amável e piedosa fraqueza, dir-me-eis. — Sim; mas é uma fraqueza, que não deve dar-se na natureza impassível de Deus. A ternura tem por fim preparar a nossa alma para a ação que é o lado forte e eficaz da misericórdia. Combater a miséria, aniquilá-la, consolar, aliviar, curar os miseráveis: eis o que a Deus convém: *Repellere miseriam maxime competit Deo.*[122] Deus não se dedigna de socorrer todas as misérias; mas procura de preferência a miséria do pecador, porque é a maior de todas. Quando, em consequência de uma última negação de perdão, nos insurgimos para acusar eternamente a vontade divina, caímos sob os golpes de uma justiça implacável; mas, antes de chegarmos a esta suprema conclusão da impenitência, a misericórdia esgotou os seus recursos para expulsar o mal do santuário vivo que profanou e restituir ao seu lugar o bem vitorioso.

122 Cf. Summ. Theol., I, quaest. 21, a. 3.

Não terminaria hoje se me propusera cantar o hino das misericórdias do meu Deus. É pai, e eis o pecador seu filho despojado do manto real da graça, abatido, maculado, em procura de uma felicidade que lhe foge, a fronte inclinada para a terra, como os animais sem razão, ei-lo que vai precipitar-se nos abismos eternos. Que desgraça! Deus não consentirá que o seu filho se perca antes de lhe fazer ouvir os gritos das suas entranhas paternais. Precede-o, chama-o, convida-o, pede, exora, insta. O infeliz foge; reduplicam as instâncias, segura-o pelos vestidos: Meu filho, diz-lhe, sou eu. E para ser melhor ouvido, faz que falem todas as vozes: a voz da natureza ora alegre, ora triste, a voz que recorda a paz da inocência e a fragilidade dos prazeres, a voz do amor alarmado e da ternura cheia de esperanças, a voz das esposas fiéis, dos filhinhos e dos amigos, a voz das recordações saudosas e das esperanças perdidas, a voz das decepções e dos infortúnios, a voz da doença e da morte, a voz da justiça tornada serva do amor, a voz do dia e da noite, todas as vozes da misericórdia que sem cessar repetem aos ouvidos do criminoso esta doce repreensão: Meu filho, por que me abandonas? Volta ao Senhor, teu Deus: *Convertere ad Dominum Deum tuum.* E se o pecador a escuta por um instante, se manifesta um sinal, um pequeno sinal, movimento imperceptível de uma alma que se comove, Deus vem imediatamente, apossa-se da vontade rebelde, converte-a a Ele e inspira-lhe essa doce palavra: Perdão! Então o pródigo cai nos braços do pai; uma caritativa mão o levanta, sustenta e guia os seus passos ainda vacilantes; todos os bens que havia perdido reconquistam na sua alma o prístino lugar, superabunda a graça onde o pecado espalhara ruínas, enche-se o vazio do coração, e todas as hierarquias angélicas se regozijam com o bom pastor pela conversão da ovelha querida.

Ah! Eu apelo para todos aqueles que, dentre vós, tiveram a felicidade de se reconciliar com a virtude depois de longos anos de desvarios! Não é verdade, senhores, que mesmo na febre dos prazeres, vos sentíeis como que assaltados pelas piedosas impertinências de Deus? Vós continuáveis sem cessar o vosso caminho, e Ele não vos deixava nunca. Lembrais-vos desta melancólica visão que vos revelou a miséria da vossa alma? Era a misericórdia de Deus. Recordais-vos desse olhar lacrimoso de uma esposa amada, que vos dizia: separar-nos-emos eternamente? Era a misericórdia de Deus. Lembrais-vos deste sorrir do vosso filhinho que repreendia a vossa ingratidão para com o melhor dos pais? Era a misericórdia de Deus. Lembrais-vos deste aparato fúnebre, dessa tumba que levava para o sepulcro os vossos amores feridos pela morte? Julgáveis que era a justiça divina, e era a misericórdia de Deus que descarregava um derradeiro golpe sobre a vossa obstinação. Lembrais-vos… mas posso eu evocar todas as recordações que vos falam das misericórdias do meu Deus? São inumeráveis, imensas, sem limite: são um abismo.

Ó misericórdia infinita, eu vos adoro e bendigo. Que importa que o mal haja invadido o mundo, se a sabedoria, o poder e a justiça divina assistem à origem das coisas, se São Bernardo vos pôde chamar, com devota ênfase, causa causalíssima de todas as causas, *causa causalissima causarum omnium?*[123] Vós sois o remate do amor, vós amaciais a justiça. A justiça produziu espanto no céu, vós o enchestes de alegria; a justiça deixou em toda a terra os vestígios dos seus raios, mas serviram de leito as torrentes de bênçãos saídas do vosso seio; a justiça castigou o nosso orgulho nacional, mas vós manifestareis a nossa virtude, ó doce misericórdia.

Senhores, não duvideis, eu vo-lo peço, da vontade de Deus. É santa, santíssima, infinitamente santa, porque quer o bem com amor; vinga-o e recondu-lo triunfante ao sólio donde havia sido expulso pelas nossas paixões revoltadas. Não, não duvideis; mas amai o amor de que fostes objeto *ab aeterno*, temei a justiça que vos prossegue, lançai-vos nos braços da misericórdia que vos chama, submetei-vos, enfim, em tudo à vontade adorável de Deus. Sereis vós menos sábios do que os filósofos que não conhecem como nós os mistérios da divindade? Não contentes com subordinar toda a ciência à ciência divina com esta máxima: *contemplare Deum*, diziam à sua vontade: segui a Deus: *sequere Deum*. Segui a Deus, senhores, e sentireis aplacarem-se as angús-

123 Vide Serm. Super Salve Regina.

tias da vossa vida que não provém senão das vossas resistências à livre, omnipotente e santíssima vontade do nosso Pai Celeste. Não está na minha mão o dar-vos a paz, a alegria, a felicidade que procurais, a independência perfeita das coisas que passam, nem a iniciar-vos na indefectível liberdade dos escolhidos; mas prometo-vos todos esses bens se souberdes dizer sincera e resolutamente: Ó Deus! Eu quero tudo o que quereis, quando vós o quiserdes, e só porque o quereis. *Volo quidquid vis, quomodo vis, quando vis et quia vis.*

Décima Conferência

As Processões Divinas

Décima Conferência

As Processões Divinas

Eminentíssimo Senhor, Senhores:

Entre os seres alguns há que, puramente passivos, esperam e recebem indiferentemente de fora todas as espécies de movimento. Estes seres existem, mas não vivem. Outros, pelo contrário, recorrem à sua energia intima para obrar e tira o movimento do seu próprio seio. É a vida, porque a vida de um ser nada mais é do que o movimento que a si mesmo se dá, *vita est motus ab intrinseco.* Deus é imóbil; a sua natureza inabalável não conhece as flutuações que fazem passar todos os outros seres de um termo a outro; no entanto a esta questão: Deus possui a vida? Não podemos deixar de dar uma resposta afirmativa. A vida, como o ser, tem muitos graus: o movimento espontâneo é apenas o começo da vida; o movimento livre é uma perfeição na vida; mas atuar de si, ser de si mesmo um ato sem movimento, é a perfeição suprema da vida. Não podemos duvidar, senhores, de que esta perfeição exista em Deus; as verdades que até aqui desenvolvemos outros tantos princípios são que nos levam insensivelmente a concluir: Deus é vivente.

Deus é vivente, porque é a causa primária de ser, e o ser não pôde ser arrancado às entranhas do nada se não por uma atividade infinita que haure no seio de si mesma toda a sua força criadora.

Deus é vivente, porque derramou sobre o mundo tanta vida, que é impossível explicar este dom se aquele que o liberaliza não possui a plenitude dele.

Deus é vivente, porque é a mesma inteligência, e a inteligência é o mais transcendente princípio de atividade que podemos conceber.

Enfim, Deus é vivente, porque a vida é uma perfeição. Por toda a parte onde a vida se manifesta, embeleza, anima a natureza, e faz vibrar as cordas delicadas do nosso coração, sensível até à ternura diante de tudo que é belo. O deserto sem limites, os píncaros áridos das montanhas produzem em nós, à primeira vista, algo como uma sensação da imensidade; meditando, porém, nessas superfícies desnudadas, véu da tristeza desdobra-se por sobre o nosso coração, e a nossa alma, refletindo sobre si mesma, toma-se de espanto ao ver-se só entre as ruínas da morte. Queremos contemplar a vida. Quando saímos da solidão inanimada, uma pequena planta nos arrebata, como nos arrebatam os bosques profundos e majestosos, os lugares cheios de vigor, de movimento e de vozes. Se o oceano nos encanta, é porque se assemelha ao vasto peito de um gigante ora adormecido, ora despertado pelas suas cóleras; damos-lhe a vida e é isso que o torna belo. Nas produções mudas da arte humana, o que procuramos é a vida; quando afirmamos de uma obra que é viva, afirmamos que é perfeita. Numa palavra, senhores, a vida é uma perfeição, e como toda a perfeição criada supõe inevitavelmente, na sua ordem, a perfeição incriada, toda a perfeição finita a perfeição infinita, à questão: — Deus tem a vida? — Devemos responder: — Sim, Deus, princípio da vida, é infinitamente vivente.[124]

Apresenta-se, porém, outra questão à qual nos é impossível responder: Como é que Deus vive? Credes, talvez, que as operações da inteligência e da vontade que até aqui estudamos explicam suficientemente a vida de Deus, e enganai-vos. As nossas induções, por mais sólidas e bem ordenadas que sejam, não nos revelam o mistério da atividade infinita que fecunda a essência divina. É um mistério que Deus reservou para si, e deste mistério só podemos conhecer o que se dignou revelar-nos. Aqui podemos aplicar em todo o seu rigor o princípio da fé: — O que

---

124 Cf. Summ. Theol., I, quaest. 18, aa. 1-3.

primeiramente devemos crer do ser primário, é que o ser primário disse de si. — Silêncio, pois, à razão, senhores; eu a citarei oportunamente e lhe darei as satisfações a que tem direito; mas por hoje escutai com humildade e paciência o ensinamento católico. Diz-nos o magistério da Igreja que há processões em Deus, isto é, atos vivos cujos termos vivem. Deus, cuja unidade já admiramos, não é solitário na sua essência, a sua fecundidade povoa o céu de uma família sagrada. — São três os que dão testemunho nos céus: o Pai, o Verbo e o Espírito Santo, e estes três são um e o mesmo Deus. *Tres sunt qui testimonium dant in caelo: Pater, Verbum et Spiritus Sanctus et hi tres unum sunt.* — É o mistério da Santíssima, Adorável e Incompreensível Trindade.

Ó meu Deus, por um dos vossos doutores nos dissestes que nada mais perigoso do que o erro, nada mais laborioso do que as investigações, nada mais frutuoso do que as elucidações neste grande mistério.[125] Peço-vos que me assistais e espero que afastareis de mim o perigo, que me tornareis o trabalho fácil, e que fareis que goste e reparta generosamente com meus irmãos o fruto da verdade.

Estudemos, pois, à luz do ensino católico, a misteriosa realidade, os termos sublimes e as maravilhosas prerrogativas das processões divinas.

I

O pai do gênero humano recebeu com a existência a plena revelação do mistério da vida divina. A sua queda não lhe fez esquecer as lições do céu, e por sem dúvida que as transmitiu à sua posteridade; mas as sombras do pecado tornaram-se tão espessas que chegaram até a obscurecer a verdade fundamental da existência de Deus. Proporcionando a luz ao temperamento espiritual da humanidade degenerada, a revelação reconstruiu lentamente e com admirável indústria o edifício da verdade. Era

125 *Nec periculosius alicubi erratur, neque laboriosius aliquid quaeritur, nec fructuosius aliquid invenitur* (August. Lib. I, de Trinit., cap. III).

necessário, diz São Gregório de Nazianzo, que fosse bem estabelecida a divindade do primeiro princípio antes que nos fora dado conhecer claramente e confessar abertamente a sua misteriosa e eterna fecundidade.[126] Eis por que o dogma da trindade não nos foi indicado no Antigo Testamento senão por lineamentos assaz claros para exercer a sagacidade dos doutores de Israel e encher de consolações os patriarcas e os profetas; assaz obscuros para não desorientar o espírito fraco do povo e perturbar-lhe a sua crença na unidade de Deus. Por esta crença o povo escolhido protestava contra os desvarios do politeísmo. Hoje, as últimas revelações esclarecem todo o passado, e as luzes que projetam são para nós trevas providenciais em que a verdade se envolve. Podemos seguir, através dos séculos antigos, a afirmação de uma pluralidade divina que teria ofendido o espírito judaico, se fora abertamente revelada.

Na origem do mundo, Deus aparece-nos só; mas não conclui a sua obra sem nos advertir de que este produto de uma omnipotência única deve receber o estigma de um nome misterioso. Não diz que vai criar o homem; mas *façamos o homem à nossa imagem e semelhança. — Façamos!* Deus chama a família eterna ao trabalho do tempo. E mais expressivamente ainda, a toma por testemunha, usando de uma ironia sublime, da loucura do miserável que julgou ser semelhante a Deus pela sua orgulhosa desobediência. *Ecce!* Ei-lo aqui, Adão que se tornou como um de nós: *Ecce Adam quasi unus ex nobis factus est.* É ainda a mesma família eterna que Deus assim convoca: "Vinde, desçamos e confundamos a língua dos homens." *Venite, descendamus et confundamus linguam eorum.*[127]

---

126 *Sic enim se res habet; vetus testamentum, Patrem aperte praedicabat, Filium obscurus. Nobis autem nobis Filium perspicue ostendit, et Spiritus divinitatem sub obscuro quodam modo indicavit, nunc vero Spiritus ipse nobiscum versatur seseque nobis apertius declarat. Neque enim tutum erat Patris divinitate nondum confessa, Filium aperte praedicari; nec Filii divinitate nondum admissa, Spiritum Sanctum, velut graviorem, si ita loqui fas est, sarcinam nobis ingeri: nec alioqui velut cibis ultra vires gravati, ac solis radiis hebetes oculos adjicentes iis quoque quibus praediti eramus viribus periclitaremur; quin tacitis potius accessionibus et, ut David loquitur, ascensionibus atque ex gloria in gloriam progressionibus et incrementis Trinitatis lumen splendidioribus illuceret* (S. Greg. Nazianz. Orat. XXXI. Theologica V. de Spiritu Sancto, n. 26).

127 *Dicendo: venite, pares honore exhortando vocat: neque enim si Angelis imperasset,*

Nas suas longas e frequentes peregrinações, Abraão encontra por muitas vezes o Senhor; um dia aparece-lhe no vale de Mambré; três homens lhe aparecem; mas o velho amigo de Deus, iniciado no mistério da vida divina, não divide as homenagens: viu três pessoas, e adorou um só Deus: "Senhor, diz, acharia eu graça diante de vós?"[128] — Quem é aquele Verbo do Senhor de que fala Davi e que firmou os céus? Quem é aquele espírito de Deus que dá ao firmamento a glória e a virtude?[129] Quem é esse *Adonai* ao qual Adonai disse: assentai-vos à minha direita?[130] Quem é esse espírito criador que renova a face da terra?[131] Bem sabia o profeta real que há um só Deus, um só Senhor; mas sabe também que Deus é Pai, e ouve dizer-lhe ao seu filho: Tu és meu Filho, eu te gerei num eterno hoje. *Filius meus es tu: Ego hodie genui te.*[132] — Este filho não é porventura o de quem falava o sábio quando exclamava: Quem é aquele que se eleva até ao mais alto céu e desce de lá? Sabeis qual é o seu nome e qual o nome do filho?[133] Não é porventura a sabedoria de Salomão, a sabedoria que Deus possui no seu seio desde o princípio,[134] a sabedoria que existia antes que existissem os abismos e as colinas,[135] a sabedoria que preparava e ordenava todos os seres antes da sua criação,[136] a sabedoria que preside aos conselhos de Deus e conhece as suas obras,[137] a sabedoria que é aspirada dos lábios do Altíssimo,[138]

---

dicere debuit, venite; sed imperando, ite. Vide autem, obsecro, quomodo Patris vox Filium et Spiritum Sanctum vocet: nam si ad unum solum id dictum esset, debebat dicere, veni, et descendamus: quia autem dixit, Venite, unius est vox ad duos honore aequales (Chrysost. Homil. de Trinitate).

128 *Ipsa Trinitas, quae unus est Deus, intelligi potest, Tres vidit, et non Dominos, sed Dominum appellat; quoniam Trinitas tres quidem personae sunt, sed unus Dominus Deus* (Aug. Lib. III, cont. Maximin. C. 25).

129 *Verbo Domini coeli firmati sunt et Spiritu oris ejus omnis virtus eorum* (Sl XXII).

130 *Dixit Dominus Domino meo: sed a dextris meis* (Sl CIX).

131 *Emitte Spiritum tuum et creabuntur, et renovabis faciem terrae* (Sl CIII).

132 Sl II.

133 *Quis ascendit in coelum atque descendit? ... quod nomen est ejus, et quod nomen filii ejus, si nosti?* (Pr XXX, 4).

134 *Dominus possedit me in initio viarum suarum antequam quidquam faceret a principio* (Pr VIII, 22).

135 *Nondum erant abyssi, et ego jam concepta eram; ... ante colles ego parturiebar* (Ibid. 24, 25).

136 *Quando praeparabat coelos aderam... cum eo eram cuncta componens* (Ibid. 27, 30).

137 *Ego sapientia habito in consilio, et eruditis intersum cogitationibus* (Ibid. 12).

138 *Ego ex ore Altissimi prodivi primogenita ante omnem creaturam* (Eclo XXIV, 5).

a sabedoria que é o puro brilho da luz eterna, o espelho sem mácula da majestade de Deus, a imagem da sua bondade?[139] — Enfim, não é o Deus Trino e Uno saudado pelos serafins na visão de Isaías com este cântico incessantemente repetido: Santo, Santo, Santo é o Senhor Deus dos exércitos. *Sanctus, Sanctus, Sanctus, Dominus Deus exercituum?*[140]

Porém, senhores, todas as questões desaparecem e todas as dúvidas se dissipam em presença destas sublimes palavras da águia: No princípio era o Verbo, e o Verbo era em Deus e Deus era o Verbo. — *In principio erat Verbum, et Verbum erat apud Deum et Deus erat Verbum.*[141] — Este Verbo, luz dos homens, testemunha eterna e incorruptível do mistério da vida divina, dignou-se revestir-se da nossa carne, e, pelos seus lábios carnais, revelar-nos o grande segredo das processões que animam a essência incriada. Veio do Pai, saiu do Pai, procede do Pai,[142] foi enviado pelo Pai, ensinou-nos a doutrina de seu Pai,[143] conversou com seu Pai, e é um com Ele,[144] é no Pai e o Pai n'Ele,[145] chama-se Cristo, Filho de Deus vivo,[146] reivindica este título em presença dos juízes que o acusam,[147] e promete à sua Igreja um outro Consolador, o Espírito Santo, que procede do Pai e do Filho.[148] Enfim, a revelação plena deste mistério realizou-a Cristo quando intimou aos Apóstolos este preceito: — Batizai todas as gentes em nome do Padre, do Filho e do Espírito Santo. *Baptisantes eos in nomine Patris et Filii et Spiritus Sancti.*[149]

Jesus Cristo desapareceu do mundo, mas sua revelação subsiste, a vida divina é conhecida. Os escritos apostólicos no-la recordam em cada página, e São João, o cantor inspirado da ge-

---

139 *Candor est enim lucis aeternae, et speculum sine macula Dei majestatis, et imago bonitatis illius* (Sb VII, 26).

140 Is VI, 3.

141 Jo I, 1.

142 *Ego exivi a Patre et veni in mundum* (Jo XVI, 28).

143 *Doctrina mea non est mea, sede ejus qui misit me Patris* (Jo VII, 16).

144 *Ego et Pater unum sumus* (Jo X, 30).

145 *Te Pater in me, et ego in te* (Jo XVII, 21).

146 Mt XVI, 16 et seq.

147 Mt XXVI, 63, 64.

148 Jo XVI.

149 Mt XXVIII, 19.

ração do Verbo, dá-nos, no ocaso da sua existência, a fórmula sagrada, comentada por todos os doutores e teólogos: — "São Três que dão testemunho nos céus da admirável fecundidade da natureza divina: o Pai, o Verbo e o Espírito Santo, e estes três são um. *Tres sunt qui testimonium dant in caelo: Pater, Verbum et Spiritus Sanctus, et hi tres unum sunt.*"[150] Todo o ensino católico relativo à misteriosa realidade das processões divinas se resume nestas palavras: — São três, e estes três são um.

São três! Esquecei por um instante, senhores, que sois mortais; deixai-vos levar, sobre as asas da palavra santa, acima do firmamento, e dos coros angélicos; eis diante de vós a essência divina, árvore fértil que produz três flores de glória e de beleza; mas atendei bem, não as produz em três ramos como em três acidentes que separadamente se reportam à mesma substância; em Deus não há acidentes. A sua essência comunica-se sem sair de si mesma, pela via sublime e inenarrável das processões. Já vimos que Deus é necessariamente todo ação dentro de si mesmo; ora, eu não concebo esta ação sem um princípio operante, e não concebo este princípio operante sem um termo de ação. Inteligência infinitamente operante, é de necessidade que Deus seja Pai, porque necessariamente se exprime e se manifesta a si mesmo; mas como é que a sua inteligência se exprimiria e manifestaria a si mesma a não ser por um Verbo? Há, pois, um Verbo em Deus, um Verbo consubstancial com o seu princípio, um Verbo que é em tudo a imagem do seu princípio, sem o qual não poderia exprimir, nem manifestar, e, por isso, que é consubstancial com o princípio e é a sua imagem perfeita em tudo, esse Verbo é o Filho. São, pois, dois: o Pai e o Filho. O Pai revendo-se no Filho que gerou, o Filho revendo-se no Pai que o gerou. Contemplam-se, admiram-se, amam-se, respiram o amor, unem-se no amor, mas num amor tão forte e perfeito que forma entre eles um laço vivo, termo subsistente de uma segunda processão.

Há, pois, em Deus duas processões: a processão da inteligência e da luz, mediante a qual o Pai se exprime e revela o Filho; a processão do amor, mediante a qual o Pai e o Filho se amam no seu Espírito, e são três: o Pai, o Filho e o Espírito Santo.[151]

150 I Jo V, 7.
151 Cf. Summ. Theol., I, quaest. 27.

São três! Não os diminuais, senhores, não reduzais, como fizeram alguns hereges, para melhor compreender a sua existência; não se trata de compreender, mas de crer e adorar; em nome da fé eu vos proíbo, pois, que digais que o Pai, o Filho e o Espírito Santo são entes de razão, nomes sem realidade que soem dar-se à essência divina para nos tornar mais acessível a inteligência das suas operações íntimas; o Pai, o Filho e o Espírito Santo são pessoas vivas e subsistentes. *Sancta Trinitas numerabilis facta est personalibus subsistentiis.*[152] Cada uma pode afirmar de si o *eu*: *eu* o Pai, *eu* o Filho, *eu* o Espírito Santo. *Eu* e o Pai somos um, disse Jesus Cristo. *Ego et Pater unum sumus.* E assim deve ser, senhores, porque, na processão da luz, como na processão do amor, Deus dá-se todo. Quereríeis vós que eu separasse dos seus dons a vida, a subsistência, o eu, e que tornasse imperfeito um ato cuja perfeição tende necessariamente ao infinito?[153]

São três! Mas as suas personalidades não correspondem a três quantidades, nem a três substâncias determinadas; constituem-nas relações reais e subsistentes, infinitamente distintas pelas suas propriedades incomunicáveis.[154] A paternidade sem princípio subsiste com referência à filiação, esta com referência à paternidade, a processão do amor com referência à aspiração comum das duas pessoas donde emana. Há, pois, cinco noções: a inascibilidade, a geração ativa e a geração passiva, a espiração ativa e a espiração passiva; quatro relações: a paternidade, a filiação, a espiração comum do Pai e do Filho, a processão do Espírito Santo; três pessoas: o Pai, o Filho e o Espírito Santo. *Tres sunt, Pater, Filius et Spiritus Sanctus.*[155]

São três! Que maravilha, senhores. Este número sagrado não rompe a unidade, porque não designa quantidade em Deus, mas é transcendental e exclui a solidão, porque assim convém às coisas imateriais.[156] As três pessoas são também tão *idênticas* por

---

152 VI Concil. General., act. 11.

153 Cf. Summ. Theol., I, quaest. 29 et 30.

154 Ibid. quaest. 40, a. 2.

155 Ibid. quaest. 28; quaest. 32, aa. 2 et seq.

156 Cf. Summ. Theol., I, quaest. 30, a. 4.

natureza e pelas perfeições absolutas, como *distintas* pelas suas relações incomunicáveis e pelas suas propriedades pessoais.[157] São três, e estes três um só Deus. Tres sunt, et hi três unum sunt.

Perguntais-me se o Pai é Deus? Sim; se o Filho é Deus? Sim; se o Espírito Santo é Deus? Sim. O Pai é Deus; quem poderá duvidá-lo se o Pai é o princípio? O Filho é Deus; Ele mesmo no-lo disse: "Eu e o Pai somos um; só o Filho conhece o Pai como o Pai se conhece a si;[158] o Filho pode tudo o que pode o Pai;[159] eu possuo tudo o que meu Pai possui.[160] Quem me vê a mim, vê meu Pai;[161] eu sou no Pai e o Pai em mim.[162] Os apóstolos repetiram este testemunho tão sincero como sublime: "O Verbo é Deus, dizem eles, o Cristo nada usurpou à majestade infinita dizendo-se igual a Deus.[163] Ele é verdadeiro Deus e dá a vida eterna;[164] habita corporalmente nele a plenitude da divindade;[165] todos devem honrar o Filho como honram o Pai."[166] O Espírito Santo é Deus, "tem o mesmo lugar que o Pai e o Filho na fórmula santa que regenera as almas; conhece tudo, ainda mesmo as profundezas de Deus;[167] distribui como o Senhor os dons do céu,[168] revela o futuro.[169] Perdoa os pecados, santifica, derrama a justiça e a caridade nos corações, e tudo isso são obras divinas.[170] Confere o poder de governar a Igreja de Deus,[171] é o penhor da nossa herança eterna:

---

157 Ibid., quaest. 31.

158 *Nemo novit Filium, nisi Pater, neque Patrem quis novit, nisi Filius* (Mt XI, 27). *Sicut novit me Pater, et ego agnosco Patrem* (Jo X, 15).

159 *Quaecumque Pater fecerit, haec et Filius similiter facit* (Jo V, 19).

160 *Omnia quaecumque habet Pater mea sunt* (Jo XVI, 15).

161 *Qui videt me videt et Patrem* (Jo XIV, 9).

162 Vide sup.

163 *Non rapinam arbitratus est esse se aequalem Deo* (Fl II, 6).

164 *Hic est verus Deus, et vita aeterna* (I Jo V, 20).

165 *In Christo inhabitat omnis plenitudo divinitatis corporaliter* (Cl II, 9).

166 *Ut omnes honorificent Filium, sicut honorificant Patrem* (Jo V, 23).

167 *Spiritus omnia scrutatur, etiam profunda Dei* (I Co II, 10).

168 *Haec omnia operatur unus atque idem Spiritus, dividens singulis prout vult.* (I Co XII, 11).

169 *Qui locutus est per profetas* (Symp. Nic.).

170 *Justificati estis in nomine Domini nostri Jesu Christi, et in Spiritu Dei nostri* (I Co VI, 11). *Charitas Dei difusa est in cordibus nostris per Spiritum Sanctum* (Rm V, 5).

171 *Attendite vobis et universo gregi, in quo vos Spiritus Sanctus posuit episcopos, regere Ecclesiam Dei* (At XX, 28).

a visão e a posse de Deus;[172] ter o Espírito Santo em nós o mesmo é que sermos o templo de Deus, glorificar a Deus e tê-lo em nosso corpo mortal;[173] mentir ao Espírito Santo é mentir a Deus."[174] O Filho é Deus, o Espírito Santo é Deus porque é Deus o seu princípio e em Deus subsistem em perfeita identidade de natureza. A fecundidade de uma força finita pode ser traída pelas forças ocultas que esperam os seres às portas da vida, e os mais belos germens, agitados no seu desenvolvimento, podem converter-se em monstruosidades que fazem derramar lágrimas ao amor iludido de um pai; mas quem poderia pôr obstáculos à fecundidade do Senhor de todas as forças; enganar o seu amor, e fazer que saísse um monstro do seio da mesma perfeição?[175] Tudo o que procede de Deus em Deus deve ser Deus; logo, o Pai é Deus, o Filho é Deus, o Espírito Santo é Deus.

Mas, dir-me-eis, a que fica reduzida a unidade? As três pessoas não são três deuses? Não, senhores, do mesmo modo que o comprimento, a largura e a profundidade de um corpo não são três corpos; do mesmo modo que o movimento, a limpidez, o deslizar das águas não são três rios; do mesmo modo que a força propulsiva, a luz e o calor do Sol não são três sóis; a raiz, o tronco e os ramos de uma árvore não são três árvores;[176] a forma graciosa, o colorido e o perfume de uma flor não são três flores; a consciência, o conhecer e o querer da alma não são três almas; a memória, a inteligência e a vontade de uma substância espiritual não são três substâncias. Consideradas em si mesmas e no fundo do seu ser, diz Santo Agostinho, a memória, a inteligência, a vontade, são alma, vida e substância, as suas relações é que as deter-

172 *Signati estis Spiritu promissionis santo, qui est pignus haereditatis nostrae* (Ef I, 13, 14).

173 *Nescitis quia membra vestra templum sunt Spiritus Sancti... glorificate et portate Deum in corpore vestro* (I Co VI, 19, 20).

174 *Cur tentavit Satanas cor tuum, mentiri te Spiritui Sancto? ... Non es mentitus hominibus sed Deo* (At V, 3, 4).

175 *Si ergo Filius alterius substantiae est quam Pater, monstrum generavit Pater* (August. Serm. 56, De Verbis Domini).

176 *Radix lignum, et robur lignum, et rami lignum; nec tamen tria ligna dicuntur sed unum* (August., De Fide et Symbolo, IX, 17).

minam e distinguem.[177] Elevai em Deus a distinção e a unidade até a perfeição, e vereis que três podem ser Deus sem que haja mais do que um Deus.

Com efeito, o que é que poderia multiplicar a divindade? A quantidade? Em Deus não existe. A intervenção de um outro princípio? Deus é princípio único. O homem, que produz, divide-se, porque atua sobre alguma coisa preexistente; mas Deus, princípio, produz tudo só de si e todo inteiro, e não se pode dar senão todo inteiro, porque é uno. A sua natureza incriada não é como as naturezas criadas que recebem o ser e as perfeições; Deus não recebe a sua natureza, é a sua natureza. Uma natureza recebida só pode produzir uma semelhança de si; um ser que é a sua natureza produz a identidade. Não, senhores, a natureza divina, multiplicando-se por si, não sai da unidade; a natureza divina é o grande *Um*; 1 x 1 x 1 não é igual a três, mas a 1, e é isto o que São Gregório exprime por estas belas e enérgicas palavras: "A opulência da natureza no Pai, no Filho e no Espírito Santo é identidade, é uma só manifestação de um mesmo esplendor."[178] E, todavia, diz em outro lugar, há uma Trindade perfeita de três perfeitos. *Trinitas perfecta ex tribos perfectis.*[179]

Estes três perfeitos, que podem dizer-se três eu, por causa da sua subsistência própria, podem simultaneamente dizer-se um só *eu*, por causa da subsistência absoluta da natureza divina: *Eu* o Senhor, *ego Dominus*; *eu* o que sou, *ego sum qui sum*; *eu* o que vivo e dou a vida, *ego vivo et vivere facio*. A este *eu* se refere toda

---

177 *Haec igitur tria, memoria, intelligentia, voluntas, quoniam non sunt tres vitae, sed una vita; nec tres mentes, sed una mens; consequenter nec tres substantiae sunt sed una substantia. Memoria quippe, quae vita et mens et substantia dicitur, ad seipsam dicitur; quod vero memoria dicitur ad aliquid relative dicitur. Hoc de intelligentia quoque et de voluntate dixerim; et intellegentia quippe et voluntas ad aliquid dicuntur. [...] neque enim tantum a singulis singula verum etiam a singulis omnia capiuntur. Memini enim me habere memoriam et intelligentiam et voluntatem; et intelligo me intelligere et velle et meminisse; et volo me velle et meminisse, et intellegere totamque meam memoriam et intelligentiam et voluntatem simul memini* (August. De Trinit., Lib. X, cap. XI).

178 *In Patre et Filio et Spiritu Sancto opulentia naturae identitas est atque una eademque splendoris prosultatio;* ὢ πλοῦτος ἡ συμφυῖα, το ἓν ἔξαλμα τῆς λαμπρότητος (Greg. Naziaz., Orat. XL, In Sanctum Baptisma, 5).

179 Τρὶας τελεῖα ἐχ τελεὶων τριῶν (Greg. Nazienz. Orat. XXIII, de Pace III, 8).

a perfeição absoluta. Os três são imensos, e há um só imenso; os três são eternos, e há um só eterno; os três são imutáveis, e há um só imutável; os três são sábios, justos, misericordiosos, onipotentes, e há um só sábio, um só justo, um só misericordioso, um só onipotente, um só infinito.[180] São três, e estes três um só e o mesmo Deus. *Tres sunt et hi três unum sunt.*

Disse o essencial, senhores; quereis que suspenda aqui a exposição do mistério da vida divina e que apele imediatamente para a vossa razão? Não, porque me parece que das profundidades da nossa alma sai este brado angustioso da inteligência lutando contra as sombras: Luz! Luz! Quereis luz? Pois bem! Abri os olhos: vou projetar a luz da ciência sagrada sobre os termos sublimes das processões cuja realidade misteriosa acabamos de demonstrar.

II

Tres sunt, Pater, Verbum et Spiritus Sanctus: São três, o Pai, o Verbo e o Espírito Santo. O Pai não nasce, não é gerado, não recebe de ninguém, é. Não procureis outra razão da existência do Pai senão esta: É porque é;[181] sem origem, sem princípio; fonte, origem e princípio de toda a divindade.[182] É d'Ele que parte sem princípio, é a Ele que regressa sem fim o ato que faz nascer a família divina. O Pai gera, e ainda que a processão do Espírito Santo não seja um simples prolongamento da sua fecundidade através do Verbo gerado, dá ao Espírito Santo o poder de respirar o amor.[183] Suprimi a ação do Pai, a tríplice luz da perfeição divina extingue-se na sombra infinita do nada.

180 Veja-se o símbolo de Santo Atanásio.

181 São Gregório de Nazianzo diz do Pai que é sem princípio, ἄναρχος, que não recebe o ser nem de outra parte, nem de si mesmo. Οὐ γὰρ ἑτέρωθεν αὐτῷ οὐδὲ παρ'ἐυατοῦ τὸ εἶναι (Orat. XX, de Dogmate et constit. Episcoporum, n. 7).

182 *Credimus Patrem ingenitum, increatum, fontem et originem totius divinitatis* (In Concil. Tolet. VI). Cf. Summ. Theol. I p. quaest. 33, a. 4).

183 *Spiritus Sanctus simul de Patre et Filio procedit quamvis hoc Pater Filio dederit, ut quemadmodum de se, ita de ille quoque procedat* (August. Tract. in Joan. XCIX). Cf. Summ. Theol., I, quaest. 36, a. 3).

É princípio; pertence-lhe de direito no mundo criado este nome glorioso, pois que sendo a origem de toda a vida e de todo o movimento, penetrando até a essência e raiz de todo o ser, a razão não pode explicar sem Ele nem o ser, nem o movimento, nem a vida. Mais rigorosa e propriamente ainda, o Pai é o princípio no infinito; porque é no infinito que exerce toda a energia da sua natureza. As criaturas dizem-nos que existe, e fazem-nos entrever a sua perfeição omnímoda e plena à luz frouxa e vacilante das suas perfeições; mas cada uma das perfeições divinas no-lo revela todo inteiro, se bem que não podemos ver nem o Verbo nem o Espírito Santo, sem o ver, a Ele, em todo o seu esplendor. Jesus Cristo disse-nos: quem me vê a mim, vê meu Pai, *qui videt me, videt et Patrem,* palavra profunda que não pode ser definitivamente comentada senão pela visão beatífica do céu na qual o Verbo, mostrando-se a nós, mostrar-nos-á o seu Princípio, o Pai.[184]

Pai! Apraz-nos dirigir a Deus este nome tão doce quanto o nosso coração sente necessidade de dar largas à sua tristeza, à sua alegria, ao seu reconhecimento e amor; e Deus não se dedigna de que as suas criaturas, indignas a não mais, lhe chamem Pai. Que digo? Convida-nos, pelos lábios adoráveis do seu Filho, a que deponhamos esse religioso temor que poderia abafar, nas entranhas da humanidade, os gritos da ternura filial. Não é o *Senhor! Domine! Adonai!* Que devemos invocar no princípio da oração quotidiana; mas *Pater noster qui es in caelis,* o nosso Pai que está nos céus. Ó Pai dos céus, seja mil vezes bendita a bondade com que derramastes por toda a parte o bem e a beleza, o ser e a vida! Estrelas da tarde e da manhã, montanhas, bosques, vales profundos, mar sublime, rios, fontes e orvalhos, monstros do abismo, ligeiros habitantes do ar, hóspedes selvagens do deserto, rebanhos tímidos e dóceis dos nossos campos, cantai, pela boca do homem, filho de Deus: *Pater noster.* Pai nosso! Infinitas graças, ó Pai! Infinitas graças por esse amor imerecido que, entre todas

184 Cf. Summa. Theol., I, quaest. 33 a. 1.

as criaturas, nos adotou por filhos. Cantai, meu coração, e vós, ó meus lábios, cantai noite e dia, cantai incessantemente o doce nome de Pai: *Pater noster.*

Todavia, senhores, só podemos pronunciar este nome depois daquele no qual Deus dá eternamente a si mesmo as verdadeiras honras da paternidade. Deus criou a nossa natureza, esta natureza não é a sua; Deus adotou-nos, não nos gerou; noutras palavras, Deus não é verdadeiro Pai senão no mistério da Trindade. O que é necessário para ser verdadeiro pai? Viver e comunicar a própria vida por semelhança. O grande vivente, senhores, comunica imediatamente a sua própria vida ao seu Verbo, em tudo semelhante a Ele, pela própria virtude da sua geração. Deus é verdadeiro Pai; mais pai do que todos os pais.[185]

Escutai São Gregório Naziazeno: "Deus é pai de um modo próprio e singular, *proprio et singulari modo pater est.* No seio dos viventes e até no cálice embalsamado das flores o ato gerador deve encontrar um gérmen que fecunda; mas Deus, puro espírito, é de si mesmo o gérmen que a sua paternidade vivifica. Deus é pai só, *solus pater*; não tem necessidade de um auxílio para receber e transmitir secretamente ao filho da sua inteligência as ondas da vida que devem gerar um outro Ele. Deus é pai de um só, *solius pater;* toda a sua força geradora passa ao seu fruto, e a semelhança que produz é tão exata, tão expressiva, tão perfeita que não se pode conceber que produza outra. Deus é somente pai, *solum pater.* Origem da família divina, não está ligado, como os outros seres vivos, a um movimento de gerações que se sucedem: não foi filho antes de ser pai. Enfim, Deus é totalmente pai de todo o seu filho, *in totum et totius pater;* o que Ele faz com referência aos filhos dos homens, cuja geração completa pela infusão de uma alma viva, ninguém o faz com referência àquele que gerou."[186] Com razão, disse, pois, senhores: Deus é o pai por exce-

185 Cf. Summ. Theol., I, quaest. 33, aa. 2, 8.

186 *Tum quia proprio et singulari modo Pater est, non sicut corpora; tum quia solus, non enim ex conjunctione; tum quia solius nempe unigeniti; tum quia solum, non enim ipse priusquam Pater esset Filius fuit; tum quia in totum et totius Pater, quod de nobis certe affirmari non potest* (Greg. Nazienzo. Oratio XXV, in laudem Heronis Philosophi, 16).

lência, Deus é a mesma paternidade. Ó Princípio inascível! Ó Pai admirável! Nós vos louvamos, nós vos adoramos! Mostrai-nos o Vosso Filho.

Ei-lo, senhores, é tão realmente filho como seu pai é realmente pai, e para pintar ao vivo toda a verdade da sua geração, Deus disse estas palavras, que o profeta refere: Tu és o meu filho, eu te gerei no seio antes da luz: *Filius meus es tu... ex utero et ante luciferum genni te.*[187] Como é que se conhece o filho? Pela imagem nele impressa daqueles que lhe deram a vida. Procurais esta imagem, senhores, com amorosa obstinação nos tenros e queridos infantes que ao declinar da tarde vos compensam com ósculos e meiguices os vossos trabalhos do dia. Não basta para o vosso coração que sejam vossa carne e vosso sangue esses frágeis membros em que a medo tocais; quereis mais, e a vossa vista inquieta acompanha o desenvolvimento dos graciosos traços nos quais esperas ver-vos fielmente reatados. Vedes os vossos olhos nos límpidos olhos que vos olham com amor; pedis a esses lábios cândidos que ainda não sabem dissimular, doces sorrisos e ternas palavras; estudais os contornos dessa fronte que as paixões ainda não anuviaram; e quando vos convenceis que é exatamente assim que vós olhais, sorris e falais, que é exatamente assim que a vossa fronte coroa o vosso rosto pálido, o vosso coração transborda de júbilo, e com inexprimível entusiasmo apertais contra o peito os vossos queridos anjinhos, exclamando: Meu filho! Meu filho! E como vos sentireis arrebatados quando esses filhos pensarem como vós, amarem como vós, quando virdes florescer na sua alma, formada pelas vossas lições, a vossa fé e as vossas virtudes![188]

Porém, senhores, como são imperfeitas as frágeis imagens dos pais da terra, comparadas com a eterna imagem do Pai

187 Sl II e CIX.

188 *An vero tibi ad honorem amplum, atque adeo amplissimum erit, quod filium habeas, idque eo magis, si patrem in omnibus rebus referat, verumque genitoris sui simulacrum gerat; tibique sexcentis servis imperare minus jucundum futurum est quam unius filii parentem esse: Deo autem quidpiam majus ac praestabilius erit quam filii Patrem esse, quod quidem gloriae accessio est, non decessio, quemadmodum et spiritus productorem esse* (Greg. Nazienz. Orat. XXIII, de Pace III, 7).

dos céus! Vítimas das fraquezas do ato que as produz, os nossos filhos podem degenerar, ou antes, receber do princípio de vida que lhes é próprio traços que se afastam da semelhança conosco; pelo contrário, o Filho de Deus, nascido de um ato perfeito, reproduz de um modo perfeito a semelhança com o seu princípio. Não pode degenerar, nem sofrer de modo algum qualquer retoque. Essência e perfeição, todo o bem de Deus existe n'Ele; Deus pode ser contemplado no Filho como num espelho sem mácula, espelho vivo e substancial, e ao mesmo tempo imagem animada d'Aquele que representa. *Speculum sine macula et imago bonitatis.*

Esta imagem reproduz todo o brilho e esplendor da divindade, é, segundo a enérgica expressão de S. Paulo, o esplendor da sua glória, o caráter, a impressão, a mesma figura da substância do Pai: *Splendor gloriae et figura substantiae ejus.*[189] Como a luz se assemelha ao Sol que a projeta, assim o Filho de Deus, luz da luz, se assemelha a seu glorioso Pai, mas não como um raio irradiado do Sol da justiça onde eternamente subsiste. Como a cera reproduz fielmente o selo impresso nela, assim o filho de Deus reproduz todas as perfeições do Pai, mas não numa outra substância que não seja a mesma substância do Pai. É a imagem perfeita do Perfeito.[190]

Que nome daremos a esta imagem, senhores? É evidentemente necessário um nome que convenha à sua origem; ora, essa imagem procede, bem sabeis, de uma inteligência incorruptível. Pois bem: chamar-lhe-emos como chamamos ao filho da nossa inteligência: *Verbum*, o Verbo. O meu verbo é a palavra que escutais, esta série de sons que se escapam do meu peito, que retumbam sob as abóbadas do meu palácio, que são articulados pela minha língua, dentes e lábios e levados aos vossos ouvidos atentos pelos ecos deste edifício. Melhor ainda, o meu verbo é a palavra que a minha alma interiormente pronuncia nos mistérios arcanos onde se elabora o meu pensamento, a palavra que vós mesmos desligais dos sons para que possa passar dos ouvidos à

---

189 Hb C, 1, 3.

190 Cf. Summ. Theol., I, quaest. 35, aa. 1, 2.

imaginação, da imaginação à inteligência. Primariamente e principalmente, diz Santo Tomás, o meu verbo é o meu pensamento íntimo, o conceito imediato do meu espírito, a forma pura do meu conhecimento, a última essência que ficará nas vossas almas do trabalho da reflexão depois de me ouvirdes e compreenderdes. Suprimi os sons e as imagens, senhores, porque em Deus não há essa linguagem. Só o conceito do espírito, na sua mais elevada pureza, é que nos pode dar alguma ideia do Verbo pelo qual a inteligência divina exprime tudo o que vê. Disse *alguma ideia* porque, ainda que haja duas ou três semelhanças entre o nosso verbo e o Verbo de Deus, que diferença! Como o nosso verbo, o Verbo de Deus exprime o conhecimento; como o nosso verbo, o Verbo de Deus permanece onde é concebido, ainda que distinto do seu princípio; como a nossa alma está toda em nosso espírito, o Pai está todo no Filho. *Tota mens in Verbo, totus Pater in Filio.* Mas, Filho d'Aquele que é a sua mesma essência, o Verbo de Deus é essencial como o seu princípio; o nosso verbo produzido por uma potência defectível tem uma existência precária, é hoje e podia não ser; o Verbo de Deus existe substancialmente; o nosso verbo não é senão o acidente de uma substância; o Verbo de Deus é sempre gerado e sempre subsistente; o nosso verbo tem a sua hora marcada nas operações da alma sobre que se baseia, com elas nasce, como elas passa; o Verbo de Deus é a expressão perfeita de um conhecimento perfeito; o nosso verbo é a expressão imperfeita de um conhecimento imperfeito; o Verbo de Deus é único; o nosso verbo multiplica-se como as ideias; o Verbo de Deus opera pela única força da sua geração; o nosso verbo fica estéril nas profundezas da alma a não ser que outras forças venham em seu auxílio.[191] Afirmo sem mais desenvolvimento estas diferenças para não alargar demasiadamente o meu discurso. Detenhamo-nos, porém, um pouco, senhores, perante estas duas coisas: a unidade e a eficácia do Verbo divino; vão explicar-nos por que é que o Filho de Deus é chamado único e primogênito de toda a criatura: *unigenitus, primogenitus omnis creaturae.*

191 Cf. Summ. Theol., I, quaest. 34, aa. 1, 2.

Tudo o que Deus vê necessariamente em si, exprime-se necessariamente pelo Verbo: natureza e subsistência, essência e perfeição, simplicidade e plenitude, participação infinita do ser divino, ideia de todas as criaturas possíveis. Deus, diz Santo Agostinho, não falaria a si mesmo de um modo digno d'Ele, isto é, perfeita e integralmente, se no seu Verbo houvera algo de menos do que na sua ciência.[192] Notai, porém, que este Verbo não pode ser um discurso, isto é, uma série de ideias e de expressões como as que nós concatenamos para nos compreendermos a nós e lograr que os outros nos compreendam. Os objetos que nosso espírito apreende são múltiplos, o objeto da inteligência divina é único; é um só princípio de conhecimento, uma só ideia, um ser simples causa de todos os seres; logo, a expressão deste objeto deve ser única, isto é, uma palavra que abranja o infinito e o exprima em toda a sua plenitude, uma palavra que uma só vez se pronuncie e para sempre. Se supondes que Deus quer ainda falar, dirá identicamente a mesma palavra; se supondes que esta palavra fala, dir-se-á a si mesma sem nada mais produzir do que a si mesma. Deus só pode ter um Filho, não por defeito de onipotência, mas por plenitude; a sua geração é perfeita, o seu Filho é perfeito, e é próprio do perfeito ser único, e, em face dele, não pode haver lugar para um irmão.

Ouço, entretanto, dizer o Apóstolo que o Filho de Deus é o primogênito de toda a criatura, *primogenitus omnis creaturae;* de onde lhe vem esta audácia, ou antes, este esquecimento, visto como o mesmo Apóstolo nos diz que o Filho de Deus é a expressão da mesma substância do Pai? Senhores, o Apóstolo não esqueceu nada; quis apenas mostrar-nos o laço que une toda a criatura ao Verbo de Deus. Representando o que Deus vê em si mesmo, o Verbo, diz Santo Tomás, fala necessariamente a toda criatura.[193] O Verbo é, na essência incriada, o arquétipo subsis-

192 *Deus non perfecte et integre seipsum dixisset, si aliquid minus esset in Verbo, quam in scientia* (August. Lib. XV, De Trin., cap. XIV).

193 *Pater intelligendo se, et Filium et Spiritum Sanctum, et omnia alia quae ejus scientia continentur, concipit verbum, ut sic tota Trinitas Verbo dicatur, et etiam omnis creatura* (Summ. Theol., I, quaest. 34, aa. 1-3).

tente de todos os mundos reais e possíveis, a ideia viva que preside à sublime arquitetura do universo. Vivia eternamente n'Ele tudo o que foi feito, *quod factum est in ipso vita erat,*[194] tudo o que foi feito devia receber da sua plenitude, *omnes de plenitudine ejus accipimus,*[195] e, segundo a bela expressão de Orígenes, as causas que incessantemente se concatenam e produzem os gêneros, as espécies, os indivíduos, não têm outra condição de existência senão a geração eterna do Verbo.[196] Mas não é somente ideia e arquétipo; é também operante, *Verbum creaturarum est expressivum et operativum.*[197] É a palavra que ordena e dirige as operações da ciência divina no mundo; tudo foi feito por Ele, *omnia per ipsum facta sunt;* tudo se sustenta pela sua virtude onipotente: *portans omnia Verbo virtutis suae.*[198]

É, pois, com razão chamado primogênito, *primogenitus.* Se, como queriam os arianos, não começa na pessoa do Verbo a série imensa das causas criadas, é certo que toda a causa criada está ligada à sua geração eterna, o mundo é obra sua e domínio

194 Jo I, 3, 4.

195 Jo I, 16.

In uno Verbo multa sunt, et in multis unum est. Non est difficile doceri, cum dixerit apostolus, quia ipse est imago Dei invisibilis, primogenitus omnis creaturae, in quo creata sunt omnia in coelis et in terra. Unum est igitur Verbum, quod operatur in singulis, et quum in singulis operatur, operatur omnia in omnibus. Hoc Verbum unicum apud Patrem se diffudit in plurima, quia de plenitudine ejus omnes accepimus. Itaque si videas, singula omnium quae creata sunt in ipso, videbis in singulis unum Verbum esse omnium cujus pro captu nostro participes sumus (Ambrosius, in Psalm. CXVIII. Expos. serm. III, 20).

196 *Quid est, omnia per ipsum facta sunt nisi eo nascente ante omnia ex Patre, omnia cum ipso et per ipsum facta sunt. Nam ipsius ex Patre generatio ipsa est causarum omnium conditio, omniumque quae ex causis in genera et species procedunt operatio et effectus; per generationem quippe Verbi ex Deo, principio facta sunt omnia. Audi divinum et ineffabile paradoxum, irreserabile secretum, invisibile profundum, incomprehensibile mysterium. Per non factum, sed genitum, omnia facta, sed non genita Principium ex quo omnia pater est; principium per quod omnia filius est. Patre loquente suum Verbum, hoc est, patre gignente sapientiam suam, omnia fiunt* (Homilia 2, in diversos).

197 *Deus cognoscendo se, cognoscit omnem creaturam. Verbum, igitur, in mente conceptum, est repraesentativum omnis ejus quod actu intelligitur: et quia Deus uno actu, et se, et omnia intelligit, unicum verbum ejus est expressivum non solum patris, sed etiam creaturarum: et sicut Dei scientia, Dei quidem est cognoscitiva tantum, creaturarum autem cognoscitiva et factiva; ita Verbum Dei ejus quod in Deo Patre est, est expressivum tantum; creaturarum vero est expressivum et operativum* (Summ. Theol., I, quaest. 34, a. 3).

198 Hb I, 3. Cf. Summ. Theol., I, quaest. 35, a. 3.

seu. Se um dia desce, enviado pelo Pai, para visitar, sob uma forma humana, as criaturas que lhe devem a vida, multiplicam-se os nomes mais belos e doces para saudar a sua vinda. É o Emanuel, o Desejado dos povos, o Admirável, o Conselheiro, o Forte, o Pai do século futuro, o Príncipe da paz, é o Cristo, Pastor, Doutor, Mestre, Rei e Juiz dos vivos e dos mortos; é Jesus, mediador e salvador dos homens, Jesus que aspira sobre o mundo o Espírito de seu Pai, o Espírito de Amor.

Senhores, estamos em presença do terceiro e último termo das processões divinas: o Espírito Santo. Notai bem este nome, recorda-nos o que repetidas vezes temos dito: que a processão intelectual é completa, que o Verbo esgota na sua pessoa toda a força geradora do Pai, que dois filhos não podem sair do seio de Deus. O Espírito Santo não é, pois, gerado, é dado, diz Santo Agostinho; e é isto o que o distingue do Verbo divino.[199] Mas por quem e a quem é dado? Pelo Pai a seu Filho, pelo Filho a seu Pai. Heresiarcas houve assaz audaciosos para mutilar o Filho de Deus negando-lhe o poder de respirar como seu Pai o amor substancial; mas Jesus Cristo confundira antecipadamente a sua audácia: "Eu possuo tudo o que meu Pai possui, disse ele; é por isso que afirmo que o Paráclito recebe de mim";[200] e, além disso, declara abertamente a sua qualidade de princípio com referência ao Espírito Santo, atribuindo a si, como atribui a seu Pai, o poder de enviar.[201] Ademais, senhores, não vedes que faltaria alguma coisa ao Verbo se não tivera a força de respirar infinitamente o amor, e que esta imagem do Pai, em lugar de o representar em toda a sua perfeição, degenera do seu princípio? Não vedes que, se o Filho é perfeito, devemos conceder-lhe todas as perfeições que convém à sua razão de ser? É Filho. E não é próprio do filho amar o pai tão perfeitamente como o pai o ama? É verbo. E não é verdade que o amor procede do verbo, isto é, do conhecimento íntimo da alma?

---

199 *Exiit non quomodo natus, sed quomodo datus* (August. Lib. De Trinit. Cap. XIV).

200 *Omnia quaecumque habet Pater, mea sunt. Propterea dixi vobis quia de meo accipiet* (Joan., XVI, 15).

201 *Cum venerit Paracletus, quem ego mittam vobis* (Joan. Cap. XVI).

Sigamos, porém, o angélico doutor, e entremos ainda mais profundamente no mistério da vida divina. Se a este mistério convém a unidade, convém do mesmo modo a distinção. Recordai-vos que são três pessoas, e um só Deus. *Tres sunt... et hi tres unum sunt.* A unidade diz respeito à natureza indivisível do ser divino; a distinção à oposição e à ordem das relações. Suprimi estas duas coisas: a oposição e a ordem das relações, as pessoas confundem-se, a Trindade desaparece. Na verdade, o que é que distingue o Filho do Espírito Santo se têm identicamente o mesmo princípio? Vejo muito bem um Filho gerado e amado pelo Pai; vejo que este Filho tem duas relações com seu Pai: uma relação de origem completada por uma relação de amor. É-me impossível introduzir na vida de Deus uma terceira pessoa a não ser que essa pessoa receba do Pai e do Filho. Duas segundas pessoas, é inadmissível; uma terceira só é tal procedendo da segunda. Ah! Se eu tenho à minha disposição os princípios de distinção mediante os quais concebo a ordem entre os seres criados: o tempo, a quantidade, os graus de perfeição, muito bem; mas falta-me tudo isto quando estudo as pessoas divinas. O Pai não pode dar a vida ao seu Espírito depois de a ter dado ao Filho; o Pai não pode tomar na sua natureza imaterial e indivisível a matéria de seu Filho e a matéria do seu Espírito; o Pai não pode dividir a sua perfeição simples e infinita entre o seu Filho e o seu Espírito. É de necessidade, pois, que recorramos à oposição e ordem de relações e que digamos: O Espírito Santo é distinto do Filho porque subsiste com referência ao Filho seu princípio, como subsiste com referência ao Pai; e o Espírito Santo é distinto do Filho porque procede do Pai pelo Filho.[202]

Ponde, porém, de parte a metafísica divina, senhores, e apelai para os vossos afetos; eles vão dizer-vos que o amor subsistente não pode ser o fruto de um amor solitário. Todo o amor tem dois termos: o que ama e o que é amado; no amor recíproco os dois termos são recíprocos. Amo e sou amado, mas entre mim e os que me amam nada mais existe do que o movimento progressivo de dois corações que se procuram e que se querem dar um ao outro? Não, senhores, quero que entre mim e os que me amam

202 Cf. Summ. Theol., I, quaest. 36, aa. 1-4.

haja alguma coisa. Não é o meu amor, não é o seu amor; é o *nosso amor*, misteriosa resultante das nossas recíprocas afeições, doce laço que nos prende, casta união onde as nossas almas se dão o ósculo da paz, mútuo amplexo em que os nossos corações transbordam de alegria e de felicidade.[203] *Nosso amor!* Ah! Se pudéramos fazer subsistir esse amor, ele subsistiria para testemunhar de um modo vivo que somos um do outro.

Fatal impotência que deixas sempre flutuar por sobre os afetos humanos cruéis incertezas, tu não podes existir no seio de Deus! Senhores, Deus realizou o que nós nunca podemos realizar. O Pai ama o seu Filho, se ele é tão belo!... É a sua luz, o seu esplendor, a sua glória, a sua imagem, o seu pensamento, o seu Verbo, a sua substância, a sua vida, ele mesmo! O Filho ama o seu Pai, se ele é tão bom!... O Pai dá-lhe tudo, na sua geração, e com tão admirável plenitude! Há tantas perfeições naquilo que lhe dá!... É tão verdade que toda a vida do Filho é total e eternamente suspensa no seio do Pai!... Amam-se, e o seu amor exprime-se não por palavras, cânticos e exclamações apaixonadas, porque, chegado ao seu grau supremo, o amor não fala, não canta, não exclama, exala uma respiração ardente onde a alma passa toda inteira. *Spiritu oris nostri, id est anhelitu maxime affectus animi patefaciunt.*[204] O amor de Deus é uma espiração, *Spiritus*. À nossa espiração de amor, por mais casta que seja, ajunta-se sempre algo da nossa imperfeição nativa; a espiração de Deus é santa, *Spiritus Sanctus*. A nossa espiração de amor passa; a de Deus subsiste, vive, é uma pessoa. Perguntais-me como se faz isto? Senhores, respondo-vos com Santo Agostinho: *Nescio, non valeo, non sufficio.*[205] Nada sei, nada vos posso dizer, sou impotente para tamanha empresa. Mas sei, creio que o Espírito Santo subsiste; sei, creio que é Amor substancial e consubstancial;[206] sei, creio que o Pai e o Filho estão unidos por aquele Amor, ao mesmo tempo que estão unidos pera geração;[207] sei, creio que Deus nos

203 *Spiritus Sanctus charitatis indissolubile vinculum, et pacis suavissimum osculum, mutuique amoris amplexum beatissimum est* (S. Laurent. Justinian., in lib. De Obedient).

204 P. Abelard., lib. I, Introduct.

205 Tract. VI, De Spec., XXVII.

206 Cf. Summ. Theol., I, quaest. 38, a. 1.

207 *Spiritus Sanctus ineffabilis est quaedam Patris Filiique communio* (S. August., lib. XV,

ama pelo seu Espírito;[208] sei, creio que este Espírito se chama *dom*, porque o Amor divino o destina eternamente aos seus escolhidos;[209] sei, creio que este dom é profusamente derramado na Igreja, onde consola e fortifica, onde produz a inteligência, a ciência, o gosto das coisas divinas, a prudência, a piedade, a força, o temor de Deus, a verdade, a caridade, a santa liberdade. Enfim, sei, creio que o Espírito Santo é enviado a todos os instantes à alma dos justos e que na terra consuma a vida cristã como nos céus há de consumar a vida divina.[210]

Entretanto, senhores, já possuís inteiramente o sentido destas palavras do Apóstolo São João: "São três os que dão testemunho no céu: o Pai, o Filho e o Espírito Santo, e estes três são um". Resta-me considerar o conjunto das processões divinas e falar-vos das suas maravilhosas prerrogativas: maravilhosa eternidade, maravilhosa unidade, maravilhosa pureza, maravilhosa beleza. Não vos enfadeis, o meu discurso está terminado. Agora é um hino que quero cantar antes de descer os degraus desta cadeira.

III

Ó Trindade Santa! Pai, Filho, Espírito Santo, tende piedade da minha miséria! Não deixeis a minha alma abandonada na pátria das sombras; mas chamai-me um instante, um só instante, à vossa luz inacessível, e fazei-me entrever de longe as maravilhas da vossa vida.

Vós sois fecundo, ó meu Deus, desde todos os séculos e para sempre; a vossa natureza fértil nem pode deixar de subsistir, nem deixar de produzir. Cá na terra a vida, se não é condenada por inimigas influências a uma esterilidade perpétua, hesita antes de dar o seu fruto. A planta ensaia as suas forças num gérmen, desenvolve-se lentamente e só envia tímidas e lentas gotas ao botão que se desenvolve, entreabre e, alfim, se desdobra em flor. A flor

---

De Trinit., XIX).

208 Cf. Summ. Theol., I, quaest. 37, a. 2.

209 Cf. Summ. Theol. I, quaest. 38, aa. 1, 2.

210 Cf. Summ. Theol., I, quaest. 43, a. 6.

espera os beijos do Sol e as carícias da brisa para celebrar o seu himeneu. O fruto paciente deixa passar sobre ele as estações. Menos rápido ainda, o homem atravessa os numerosos anos da sua infância e da sua adolescência antes de poder aspirar às honras da paternidade. Como se demora o aparecimento do filho dos seus desejos! Que mortais agonias precedem o seu nascimento! Ei-lo, enfim! Uma voz de alegria canta no lar doméstico: Nasceu-nos um filho! Mas este filho permanecerá sempre junto daqueles que o adoram? Não se há de chorar, talvez cedo, a sua partida para um outro mundo? Ó incerta e passageira fecundidade dos mortais, vós sois antes uma fonte de dores do que de alegrias! A vossa fecundidade necessária, ó meu Deus, não tem inimigos! É sempre e não está sujeita à lentidão do tempo. As vossas processões santas realizam-se com admirável prontidão e sem o mínimo detrimento da sua perfeição omnímoda. Sempre antigas e sempre novas, marcham através de todas as épocas e unem numa presença imutável as longínquas extremidades do tempo. No princípio era o Verbo: *In principio erat Verbum.* Era sem princípio, é hoje, sempre gerado. Os dias de uma fecundidade esgotada não interrompem a incessante geração de Deus, nem a incessante processão do seu amor. É sempre Pai, sempre Filho, sempre Espírito Santo.[211] Ó maravilhosa eternidade.[212]

Sois fecundo, ó meu Deus, e os frutos benditos da vossa vida subsistem em vós: as vicissitudes do movimento nem os podem separar do vosso seio, nem levá-los para longe de vós. A água do rio foge da sua fonte, o raio do Sol divide-se nos espaços, o fruto da árvore cai sobre a terra, o infante abandona o seio que o concebeu, sua mãe poderá ainda apertá-lo nos braços e estreitá-lo contra o coração, mas não habitará mais o santuário protetor onde foi tão amado; o meu verbo existe em mim, mas oculta-se; o meu amor existe em mim, mas diminui pouco a pouco. Pelo contrário, as processões imanentes de Deus penetram-se e nunca alteram a unidade do Ser divino. E esta unidade não é a solidão,

211 Ἄμα γάρ έστι Θὲος καὶ ἅμα Πατὴρ (Cyril. Dialog. 2).
212 Cf. Summ. Theol., I, quaest. 42, a. 2.

pois que a sociedade de pessoas subsiste sem composição nem divisão. Pertence ao Pai, ao Filho, ao Espírito Santo a mesma e inseparável natureza. Subsistem nessa natureza indivisível e não se confundem, mas são distintos sem diferença e perfeitamente consubstanciais sem que a essência se divida.[213] O Pai guarda em si o Verbo que Ele pronuncia; o Verbo contém em si o Pai que falou; o Pai e o Verbo guardam em si a espiração sagrada que procede do seu Amor; o Espírito Santo une em si as espirações do amor de onde procede.[214] O Pai está no Filho e no seu Espírito; o Filho está no seu Espírito e no Pai; o Espírito está no Pai e no Filho;[215] e todavia são três. Ó maravilhosa unidade!

Canta ainda, ó minh'alma, canta a fecundidade do teu Deus; diz a todas as criaturas que velem a face diante da incomparável pureza das processões divinas. Flores encantadoras que não podeis conceber fruto sem perder a vossa virgindade, mulheres pudicas que sacrificais um santo privilégio, as honras da maternidade, desventuradas filhas de Eva que concebeis em pecado e dais à luz no meio de dores, velai também a vossa face, porque ainda os mais castos mistérios da minha alma são impuros na presença do mistério divino. Para pensar, tenho necessidade de tocar as formas inteligíveis de onde me vêm as ideias; para amar, tenho necessidade que a espiração de um outro coração comova o meu coração; e se quero pensar muito, apossa-se de mim a febre da fadiga, se quero amar muito, sinto a inquietação da agonia. Mas a vida imaculada do meu Deus tem em si mesma o poder de se fecundar, não necessita de auxílio, nada há que possa macular, concebe sem movimento, produz sem trabalho, ama sem inquietação; as suas processões tranquilas consumam a sua beatitude sem alterar o seu repouso. É a mais bela, a mais pura e a primeira das virgens. *Prima virgo Trias est.*[216] Ó maravilhosa pureza.

---

213 *Pater in filio et filius in patre per inseparabilis naturae unitatem: non confusam sed indiscretam, non permixtam sed indifferentem; neque coherentem sed existentem; neque inconsummatam sed perfectam* (S. Hilar. Lib. VIII, De Trinit.).

214 Cf. Summ. Theol., I, quaest. 42, a. 5.

215 *Est Pater in Filio et Sancto Spiritu similiter quoque Filius et Spiritus in Patre et in se mutuo* (Cyrillus, De Trinit. Dialog. VII).

216 S. Greg. Nazianz.

Canta sempre, ó minh'alma, canta a perfeita beleza das processões divinas, e se queres conhecê-la, pergunta aos artistas o que pensam das obras primas que por tanto tempo foram o tormento do seu gênio fértil. Admiravam-nas, amavam-nas quando não eram mais do que um ideal. Julgavam terem apreendido o ideal e que podiam traduzi-lo sobre a tela ou no mármore imortal; muitas vezes, porém, ai!, o seu olhar sincero não reconheceu na realidade que criaram a perfeição que contemplaram no seu ideal, e, quando o mundo celebrava a sua glória, revelavam aos amigos sinceros as suas esperanças e as suas decepções. Quantas vezes julguei ver-te, filho da minha alma, ó meu pensamento, adornado do vestido que convém à tua casta beleza! Quantas vezes não exclamei desanimado em presença da minha palavra sem brilho: não é isto! Não conhece estas decepções, estes desgostos, o Ser sublime cujo divino gênio produz uma palavra tão viva que pode dar-lhe, numa espiração viva, amor por amor. No que procede dele vê e ama uma beleza igual a si mesmo, uma beleza infinita, esplendor supremo da ordem na suprema igualdade das perfeições. Exaltemos a glória do Filho, porque nela brilha a glória do Pai; exaltemos a glória do Espírito Santo, porque toda ela redunda em glória dos seus princípios. Pai, Filho, Espírito Santo, são iguais em tudo.[217] Nenhum precede o outro na eternidade, nenhum excede o outro em grandeza e poder.[218] Todavia, há uma hierarquia onde as origens estão subordinadas aos princípios, às missões e às origens.[219] Igualdade sem confusão, hierarquia sem dependência, a mais bela ordem que se pode conceber numa sociedade, a mais bela sociedade que se pode conceber na unidade.[220]Ó maravilhosa beleza!

Cantai comigo, senhores, cantai: Ó maravilhosa eternidade! Ó maravilhosa unidade! Ó maravilhosa pureza! Ó maravilhosa beleza! Mas terei eu o direito de vos associar aos entusiasmos

---

217 Cf. Summ. Theol., I, quaest. 42, aa. 1, 2, 4, 6.

218 *Aequalitas intelligitur in Patre et Filio et Spiritu Sancto in quantum nullus horum alium aut praecedit aeternitate, aut excedit magnitudine, aut superat potestate* (Fulgent. Lib. de fide ad Pet., cap. 1).

219 Cf. Summ. Theol., I, quaest. 43, a. 8.

220 Cf. Summ. Theol., I, quaest. 42, a. 3.

da minha fé? Tentando contar-vos o mistério da vida divina, não demonstraria eu a minha impotência e temeridade? Perdoai-me, ó meu Deus, perdoai-me se não segui o conselho dos Santos que querem que se honrem com silêncio reverencial as vossas eternas processões.[221] Não fui eu que falei, fostes vós, a vossa Igreja, os vossos doutores. Desconfiei das minhas forças e com a minha voz débil chamei em meu auxílio as almas eminentes que souberam vencer, graças a vós, as asperezas de um tão elevado assunto, e, respeitando os seus conselhos, obedeci aos seus incitamentos. Não era porventura necessário saber-se que a fecundidade é a vossa mais bela glória e que negar a vossa vida íntima é uma blasfêmia ainda mais odiosa do que negar o vosso ato criador?[222] Não será necessário que a impiedade conheça que é fácil escarnecer dos mistérios quando não se conhecem senão de nome, quando se não vê senão a superfície deles; mas que se entrando nas suas profundidades sagradas, o desdém da impiedade é abafado pela grandeza e majestade dos mesmos mistérios? Não será necessário explicar a este povo cristão o que faz quando se benze em nome do Pai, do Filho e do Espírito Santo? Quantas vezes não proclama ele o mistério da vida divina sem o conhecer! Possa ao menos agora não esquecer as suas belezas sublimes! Se disse mal, corrigi vós mesmo os erros da minha palavra; manifestai a vossa glória aos que me escutam, afim de que, esclarecidos pela vossa graça, mais do que pelos meus discursos, possam cantar com a Igreja: "Ó Deus, Pai ingênito, Filho único do Pai, Espírito consolador, santa e única Trindade, com todo o fervor do nosso coração, com toda a força da nossa voz, nós vos confessamos, vos louvamos, vos bendizemos. Glória a vós por todos os séculos dos séculos. *Amen! Amen! Amen!*[223]

---

221 Θεοῦ γέννησις σιοπῇ τιμάθω. (S. Greg. Nazianz. Orat. 35)

222 *Si quis negaret Deum creasse mundum non est dubium quin intolerabiliter blasphemaret. Cum igitur incomparabiliter major sit gloria ipse filius genitori suo quam mundus creatori, et tanto utique major quanto ipse filius major est mundo; a parte incomparabilitatis nequius blasphemat, qui negat Deum patrem genuisse filium, quam qui negat eum creasse mundum* (Guillelmus Parisiensis. Lib. De Fide, III).

223 *Te Deum Patrem ingenitum, te Filium unigenitum, te Spiritum Sanctum paraclitum, sanctam et individuam Trinitatem, toto corde, et ore confitemur, laudamus atque benedicimus: tibi gloria in saecula* (Offic. Trinit. ana. Magnif. II, vesp. Rito Dominicano).

Undécima Conferência

A Razão e as Processões Divinas

Undécima Conferência

A Razão e as Processões Divinas

Eminentíssimo Senhor, Senhores,

Expus o ensino católico, e vós o escutastes com religiosa atenção, que muito vos agradeço. Eis em resumo o que vos disse: A vida íntima de Deus é o mistério de uma atividade infinita que faz subsistir três pessoas distintas numa só e mesma natureza sem a dividir. São três: Pai, Filho, Espírito Santo, todos três Deus e todavia um só Deus. A unidade não destrói o número, o número não destrói a unidade. O Pai ingênito é o princípio de toda a Trindade; é mais propriamente pai na sua essência do que na natureza criada. O Filho é também tão realmente filho como seu Pai é realmente pai, é a imagem substancial da perfeição infinita, Verbo perfeito, Verbo único e, todavia, primogênito de toda a criatura, porque, sem pertencer ao mundo, é o seu arquétipo e artífice. O Espírito Santo é a espiração pura e sagrada do Pai e do Filho, o seu amor substancial e consubstancial, o dom inarrável que mutuamente se dão e que destinam às almas justas para consumar cá na terra a vida cristã. O Filho procede do Pai, o Espírito Santo procede do Pai e do Filho, e a eternidade, a unidade, a pureza, a beleza destas processões são as mais altas maravilhas que se pode conceber.

Credes todas estas coisas, senhores, porque sois cristãos; credes ainda porque Deus as revelou. Por incompreensíveis que sejam, não vos revoltam, porque a palavra de Deus é, para nós, segura garantia da sua verdade. Em rigor, podia deixar-vos sob a impressão desta palavra, cumprindo assim o meu compromisso de vos expor o dogma católico. Mas prometi também colocar a vossa razão em presença da vida divina para lhe perguntar o que julga de tal vida. Venho cumprir hoje a minha promessa.

Se a vossa razão pretende elevar-se pelas suas próprias forças até ao conhecimento do mistério dos mistérios, responder-lhe-ei que se engana. Se, indignada por não poder compreender, tenta destruir em nome da evidência a verdade do dogma ou desfigurá-la com interpretações falsas, mostrar-lhe-ei a sua impotência. Se, humilhada e dócil, deseja aproveitar-se da luz que se irradia da revelação, ajudá-la-ei com todas as minhas forças. Numa palavra, senhores, quero dizer-vos nesta conferência o que não pode e o que pode a razão humana relativamente ao mistério das processões divinas.

I

Deveis lembrar-vos de vos dizer que não temos princípio algum que nos permita conhecer Deus antecedentemente a todo o conhecimento das criaturas, princípio algum de onde possamos concluir *a priori* que Deus é, e que é de tal ou tal modo. É pelos efeitos que subimos até a causa suprema. O mundo e as suas maravilhas dizem-nos com certeza que existe um maravilhoso artífice. É evidente que este artífice possui eminentemente todo o bem que comunicou à sua obra; mas definir este bem de modo que a nossa definição seja adequada à sua perfeição, coisa é que não podemos e nunca poderemos. Afirmamos que Deus é acima de todo o ser, de toda a grandeza, de toda a beleza, de toda a bondade; que é infinitamente inteligente, amante, onipotente e vivo, mas... o que é em si este ser, esta grandeza, esta beleza, esta bondade, esta inteligência, este amor, esta onipotência, esta vida? Não o sabemos. Se é tal a nossa ignorância em face do que Deus nos revela de si mesmo por vestígios e imagens, que será tratando-se do mais profundo segredo do seu ser, das operações íntimas encerradas na sua essência e com as quais nada há na natureza que se lhes possa comparar?

O ato criador tem a sua razão na unidade da essência divina, e a onipotência, causa próxima das existências finitas, é comum às três pessoas da Trindade. Todas as perfeições refletidas na obra de Deus são perfeições absolutas que convém ao Pai, ao Filho e ao Espírito Santo e que, por consequência, não nos dão a razão própria da sua distinção pessoal. Podemos, pois, diz Santo Tomás, elevarmo-nos pela razão natural, ao conhecimento das relações íntimas e reais que são a base da distinção das pessoas.[224] O Pai das criaturas aparece-nos na obra das suas mãos e na munificência dos seus dons; mas o verdadeiro Pai que gera um Verbo perfeito, imagem substancial e viva da sua substância e da sua vida, só o Filho conhece e aqueles a quem o Filho se dignar revelar a sua existência. *Nemo novit Patrem nisi Filius et cui voluerit Filius revelare.*[225] Este mistério, diz o apóstolo, é ensinado aos perfeitos; a sabedoria deste século, ainda mesmo a dos príncipes do pensamento, não o pode descobrir, que tão profundo é.[226] Que digo? Os mesmos anjos ignorariam o segredo de Deus, se fossem condenados a procurá-lo na sua natureza, ainda que tão pura e luminosa. *Secretum Trinitatis nec nulla visibilium, nec invisibilium creaturarum potuit investigare natura.*[227]

Há mais, senhores, o mistério das processões divinas escapa não só à força inventiva, senão, também, ainda mesmo depois da revelação, faltam-nos princípios evidentes para estabelecer uma argumentação donde se deduza a sua plena certeza. A fórmula sagrada do dogma que esclarece a natureza não altera, como demonstrarei, a ordem da processão dos seres, e não subministra nenhum vestígio sensível e certo da vida íntima de Deus. Podemos, com auxílio da revelação, descobrir probabilidades luminosas que consolem a nossa fé e a sustentem na luta contra as

224 *Per rationem igitur naturalem cognosci possunt de Deo ea quae pertinent ad unitatem essentiae, non autem ea quae pertinent ad distinctionem personarum* (Summ. Theol., I, quaest. 32, a. 1).
225 Mt XI, 27.
226 *Sapientiam autem loquimur inter perfectos: sapientiam vero non hujus saeculi: neque principium hujus saeculi, qui destruuntur: sed loquimur Dei sapientiam, quae abscondita est... quam nemo principium hujus saeculi cognovit* (I Co. II, 6-8).
227 Hormisdas Papa. Epist. Ad Julian. Imp., Cap I.

improbabilidades que a razão lhe opõe. Falta-nos a certeza intrínseca, e, por maior que seja o nosso desejo de explicar os mistérios, é forçoso curvar diante deles a ditadura da nossa razão. A Trindade de pessoas divinas é um segredo que não devemos tentar desvendar, mas que devemos adorar.[228] O que tentasse demonstrá-lo como se demonstram as verdades da ordem natural, destruiria a fé, diz o angélico doutor, porque atentaria contra a inviolável dignidade das coisas invisíveis que, por sua natureza, excedem toda a concepção da razão humana; entregaria os mistérios divinos ao escárnio da incredulidade que pouco se impressionam com os argumentos que se lhe apresentam e que está sempre pronta a acusar-nos de que cremos sem razão suficiente. É sobre a autoridade de Deus que devemos apoiar as verdades indemonstráveis da fé; aos que rejeitam esta autoridade, respondemos refutando vitoriosamente os sofismas de que se servem para nos convencer do absurdo.[229]

Dir-me-eis que a filosofia não conheceu essa dominação da autoridade invocada pela fé, e que, pelo seu próprio voo, se elevou ao conhecimento do segredo da vida divina. Platão falou da Trindade nos seus Diálogos e em suas Cartas. Já esperava isso, senhores; quem não sabe que Platão falou da Trindade? Por honra da razão, há tais espíritos ousados que não hesitam em dizer que o filósofo grego inventou o nosso mistério e que nós somos plagiários seus. Vejamos isto.

---

228 *Sacramentum hoc magnum est, et quidem venerandum, non scrutandum. Quomodo pluralitas in unitate, aut ipsa in pluritate? Scrutari hoc temeritas est; credere pietas est; nosse via et vita aeterna est* (S. Bernard. Lib. V, De Considerat. VIII).

229 *Qui autem probare nititur Trinitatem personarum naturali ratione, fidei dupliciter derogat. Primo quidem quantum ad dignitatem ipsius fidei, quae est ut sit de rebus invisibilibus, quae rationem humanam excedunt...Secundo quantum ad utilitatem trahendi alios ad fidem. Cum enim aliquis ad probandam fidem inducit rationes, quae non sunt cogentes, cedit in irrisionem infidelium. Credunt enim quod hujusmodi rationibus innitamur, et propter eas credamus. Quae igitur fidei sunt, non sunt tentanda probare nisi per auctoritates his qui auctoritates suscipiunt. Apud alios vero sufficit defendere non esse impossibile quod praedicat fides. Unde Dionys. dicit cap. II, de divin. nomin: Si aliquis est qui totaliter eloquiis resistit, longe erit a nostra philosophia. Si autem ad veritatem eloquiorum, scilicet sacrorum respicit, hoc et nos canone utimur* (Summ. Theol., I, quaest. 32, a. 1).

No Filebo, fala-se da *alma real* e do *espírito real*, ambos filhos daquele que se chama a causa universal. "Recordemo-nos, diz o filósofo, que o espírito da causa é do mesmo gênero que ela."[230] No Timeu: "Deus criador segue um exemplar que ele mesmo produziu." Na *República*: "O filho do *bom* é semelhante a seu pai." Escrevendo a Erasto, Platão exorta-o a jurar pelo próprio Deus, causa de todas as coisas e *pai* do *chefe* e do *princípio*. Se sabeis filosofar, ajunta, compreender-me-eis. Na segunda carta a Diniz de Siracusa, fala em enigmas: "Eis a verdade, diz ele. Todas as coisas estão em torno do rei de tudo e tudo é por ele. É causa de tudo que é belo; os segundos estão em torno do segundo, os terceiros em torno do terceiro."[231] Enfim, Platão chama *logos, verbo*, à razão eterna, princípio das obras exteriores da divindade.

Procuro o nosso dogma nestes dados confusos, e confesso-vos que me é impossível encontrá-lo. São Cirilo julgou que Platão conhecia o mistério da Trindade no seu casto esplendor; mas que o ocultou por vergonha dos acusadores de Sócrates.[232] Um filósofo pitagórico, Numênio, chamou a Platão o Moisés de Ática. Santo Agostinho julgou ter encontrado nos livros platônicos frisantes analogias com a doutrina cristã do Verbo.[233] Alguns católicos entusiastas esforçam-se em conciliar o platonismo com o ensino da Igreja. Mas, por outra parte, graves autores julgam que esta admiração injustificada é tão contrária à verdade dos fatos como prejudicial à fé,[234] e que os socinianos erraram quando

---

230 Βασιλικὴν φυχὴν, Βασιλικὸν νοῦν... υοῦς μὲν αἰτίας ἦν ξυγγενὴς καὶ τόυτου σχεδὸν τοῦ γένους.

231 Φρασέον δή σου δὶ άινιγμῶν... ὧδε γὰρ ἔχει. Πέρὶ τον πάντων βασιλέα πάντ ἐστὶ, καὶ ἐχείνου ἕνεικα ταυτα, καὶ ἐκε̃ινο αἵτιον ἁπάντων τῶν καλῶν, δέυτερον δὲ πέρὶ τὰ δεύτερα, καὶ τρίτον πέρὶ τὰ τρίτα.

232 Contra Julianum, lib. I.

233 *Procurasti mihi quosdam Platonicorum libros ex graeca lingua in latinum versos. Et ibi legi, non quidem his verbis, sed hoc idem omnino multis et multiplicibus suaderi rationibus quod: In principio erat verbum... et vita erat lux hominum, etc. Sed quia verbum caro factum est non ibi legi... quod ante omnia tempora, et supra omnia tempora incommutabiliter manet unigenitus filius tuus coaeternus tibi, et quia de plenitudine ejus accipiunt animae ut beatae sint et quia participatione manentis in se sapientiae renovantur ut sapiente sint, est ibi* (S. August., Confes., lib. VII, cap. IX).

234 *Ac longius sane disputando Plato provectus, ejusque discipuli, speciem quamdam Tri-*

afirmavam que os primeiros Padres da Igreja beberam do filósofo grego a sua doutrina da Trindade.

Também assim o penso, senhores. Bastam algumas rápidas observações, parece-me, para que concordeis comigo. O nosso dogma é preciso; interrogai uma criança, os seus lábios sinceros defini-lo-ão em poucas palavras: A Trindade é o mistério de um só Deus em três pessoas iguais em tudo; estas três pessoas chamam-se Pai, Filho, Espírito Santo. Haverá algo semelhante a isto nos textos de Platão acima citados? Platão dizia com razão que se exprimia por enigmas, porque a sua doutrina foi em todos os tempos tema de interpretações diversas, e, na última escola que se adorna com o seu nome, houve tantas trindades como filósofos. Três ideias descarnadas não constituem nem bem nem mal o nosso dogma. A unidade de essência, a distinção e a consubstancialidade de pessoas, a ordem e a eternidade das processões, eis o que era necessário achar em Platão, e eis o que lá não existe. Platão confessa a existência de um Deus eterno, inteligente, todo poderoso e bom por natureza, em face da matéria eterna e confusa. Este Deus possui um Verbo, razão de todas as coisas, mas este Verbo, semelhante ao Verbo humano, ainda que mais perfeito, não é um ser subsistente; o que subsiste é o plano do universo, o arquétipo do mundo, a ideia exemplar das qualidades, proporções e perfeições que Deus realizou, mas esta ideia não deve ser confundida com o *logos*. Se Deus é Pai, é porque o mundo é o seu filho, o deus gerado, a imagem da inteligência, claramente distinto do Verbo e do arquétipo. Enfim, uma alma universal se acha espalhada por todos os seres. Esta alma é uma emanação de Deus ou um extrato da matéria? Nada se sabe, porque é contraditoriamente definida no Timeu. Recapitulando essa doutrina, encontramos nela cinco termos: *Deus, o logos, o arquétipo, o mundo e a alma do mundo*, o que me parece demais para constituir uma trindade. Se confundíssemos, como fizeram certos comentado-

---

nitatis informarunt: quo etiam nomine nostrorum aliqui supra modum illos admirantur, ac praedicant. Sed profecto majore flagitio, ac dispendio veritatis, quam operare praetio istud illorum dogma prodiisse mihi videtur; neque ulla ex alia re gravior, christianae fidei noxa, et pernicies importata fuisse (Petav., Dogm. Theol. II, De Trinit., lib. 1, 2).

res, o *logos* com o arquétipo e suprimíssemos o mundo para não fazer entrar senão a sua alma na trindade platônica, esta redução dar-nos-ia uma concepção filosófica perfeitamente contestável, mas não seria o nosso mistério: isto é, um só Deus, três pessoas distintas e consubstanciais, um Pai que gera um Filho em tudo semelhante a Ele, um Espírito que procede por via de igualdade do Pai e do Filho.

Que se admita, na trindade de Platão, se Platão concebeu e intentou uma trindade, uma sombra, ou antes a corrupção de um dogma tradicional, vá, concedo. Alguns sábios orientalistas descobriram nos egípcios, índios, chineses e persas vestígios deste dogma em fórmulas misteriosas que, pela sua mútua semelhança, parecem oriundas de uma origem comum. Estas fórmulas vieram da *terra dos espíritos* onde floresceram as escolas judaicas? São a expressão de uma crença primitiva levada na dispersão com os restos adulterados das revelações do Éden?[235] Entrego a solução destes problemas à paciência dos eruditos, bem como a explicação dos monumentos, templos, altares, estátuas, pirâmides

235 No ritual funerário dos egípcios encontra-se a indicação de uma Trindade, trindade fundada sobre a crença panteísta e que não pode ser senão uma degradação da verdade. Entretanto é de notar que Chons, a mais alta manifestação do espírito, provindo da união de Ammon e de Mouth, é chamado Chons Toth, isto é, palavra. A forma ternária era ainda empregada pelos egípcios para designar as manifestações corpóreas de Deus nas pessoas de Osíris, Isis e Hórus. (Vid. Chateaubriand, Études historiques, segundo discurso, tom. II). Na Oupnekhai, compilação persa dos Vedas, lemos: "O Verbo do criador é ele mesmo criador, e o grande filho do criador" e, em outra parte, "Sat (quer dizer, a verdade) é o nome de Deus, e Deus é Trabrat, isto é, três, não constituindo senão um" (Journal asiatique, Paris 1823, tom. III, p. 15-83).

Nos livros Zends aparece uma palavra que vem do primeiro princípio. "Eu a pronuncio continuamente e em toda a sua extensão, diz Ormuzd, e a abundância multiplica-se... sou eu que, por esta palavra, aumento o Behescht (o céu). Olhando para esta palavra com respeito, fazendo votos com esta palavra, é que terás a vida e a felicidade. Ahriman, mestre da má lei. O nome desta palavra é: Eu sou." (Anquetil du Perron, Mémoire de l'Acad. des Inscrip., tom. LXIX, pag. 176, 177, 192, 193).

Está escrita no Vendidad (forg. XIX. liv. II, p. 375), que os Pari's ou Dev's (demônios) serão vendidos por Sosiosh, aquele que nasceu da fonte. M. Abel Rémusat, na sua Memória Sobre a Vida e as Opiniões de Lao-tseu, refere estas palavras do célebre filósofo chinês: "Aquele que respeitais e que não vedes, chama-se I; aquele que vós escutais e que não entendeis, chama-se HI; aquele que a vossa mão procura e que não podeis encontrar, chama-se WEI. Três nomes que não se podem compreender e que, confundidos, fazem um. O que está em cima não é o mais brilhante; o que está abaixo não é o mais obscuro. É uma cadeia sem interrupção que não se pode significar."

onde se julga haver símbolos e representações da Trindade. Sejam quais forem as conclusões da paleografia e da arqueologia sagrada, confirmarão, tenho a certeza disso, longe de invalidar, esta proposição: a Trindade é o dogma sobrenatural por excelência, o mistério absoluto que a razão não pode descobrir nem demonstrar.

Os caracteres empregados para formar as palavras I – HI – WEI não têm sentido, diz Rémusat, são sinais de sons estranhos à língua chinesa, e chegam a demonstrar que I – HI – WEI ou I – H – V é idêntico ao nome Javé, nome sagrado que os judeus deram a Deus.

Como explicar estas fórmulas misteriosas dos egípcios, dos persas e dos chineses? São restos desfigurados de uma crença primitiva? É muito possível; mas é provável que Lao-teu bebesse a sua doutrina na terra dos espíritos, quer dizer, na terra santa. Uma tradição constante dos lamas, grandes e pequenos, diz o padre Huc numa das suas cartas sobre a Tartária Chinesa (Ann. Da Prop. Da Fé, julho 1847), indica o Ocidente como a pátria da verdadeira doutrina. São unânimes sobre este ponto: "À medida que avançardes para o ocidente, dizem eles, a doutrina se vos manifestará pura e luminosa. Um lama qualquer que viaja naquele país é olhado como um homem superior, como um vidente aos olhos do qual foram desvendados todos os mistérios das vidas passadas e futuras, no seio mesmo do eterno santuário e na terra dos espíritos."

Quanto aos gregos, a origem judaica das suas tradições filosófico-religiosas acerca da origem da Trindade não é menos provável. Na minha Introdução ao Dogma Católico (Tomo I, Apêndice II, nº 4, Das Escolas Proféticas) tratei das relações que podem existir entre Ezequiel e Pitágoras; envio o leitor a este último documento. Pitágoras foi um dos pais da filosofia grega, Ezequiel era um dos últimos representantes, talvez o último mestre das escolas proféticas. Ora, nestas escolas ensinava-se uma doutrina misteriosa que o povo grosseiro não devia conhecer senão de um modo vago, porque podia transtornar a sua crença na unidade de Deus. As escolas rabínicas conservaram em parte esta doutrina. Os dominicanos Joseph Ciantes no seu opúsculo Contra os Judeus, Raymundo Martin, no seu Pugio Fidei, referem uma multidão de testemunhos da crença das escolas rabínicas no dogma da Trindade. Citarei dois. No Pardes Rimonim de Cordover, diz-se: "Tres sublimes luces, lucem intrinsecam antiquam, lucem clarificatam, lucem claram, tria nomina significare eamdem rem, quia hae tres luces sunt in radice omnium radicum: in hoc firmantur omnia arcana fidei." Mair Gabbai no seu livro Gavodat Achodesch, cap. 3, diz: "Occulta sunt inclusa in numero ternario et vocantur lux antiqua, lux clarificata, lux clara."

Em nossos dias, M. Drach, rabino convertido, reúne um grande número de passagens do Zohar e do Medrashim onde o dogma da Trindade é exprimido com maior precisão. No Zohar leem-se estas palavras: "Ele é dois e reúne-se-lhe um e são três, e quando são três, não fazem mais do que um. Os dois são designados inefáveis Javé, Javé do verso schemagne (Deut. VI, 4). Junta-se a palavra Elvhénou (nosso Deus) e é o selo do selo (Khotura degouschpanka) de Deus que é verdade: e estes três juntos são um com a mais perfeita unidade."

A esta primeira impotência da razão opõe-se uma outra que nos assegura a inviolável posse da verdade, e é esta: A razão humana não pode, em nome da evidência, nem destruir nem desfigurar impunemente o dogma da Trindade.[236]

Passemos rapidamente, senhores, por sobre as objeções que, no seu conjunto, dizem respeito a todos os mistérios da fé.[237]

O nosso orgulho rejeita estes mistérios porque são incompreensíveis; mas esqueceu que os seus desdéns se revoltam contra ele. É impossível deixar de submeter a razão à incompreensibilidade, a não ser que reduzamos os conhecimentos humanos a noções vulgares que quase nos nivelam com a animalidade, a não ser que renunciemos a todo o progresso intelectual. Tem-se vos dito mil vezes, e mil vezes o tendes experimentado, o incompreensível existe por toda a parte, na matéria e no espírito, nos espaços do firmamento e nas profundidades da nossa natureza. A cada instante, depois de termos verificado os fatos, formulamos leis que aceitamos como outros tantos pontos de partida para novos descobrimentos, sem que nunca possamos responder a esta questão: como se realizou isto? Toda a substância subsiste sob acidentes; como se realiza isto? Uma força simples preside ao movimento universal e às suas combinações infinitas; como se explica isto? Os fluidos atraem-se pelos seus polos opostos; como é isto? As plantas e os animais vivem e reproduzem-se indefinidamente; como explicar este fato? A minha alma inteligente anima um corpo carnal; como é isto? Como? Esta palavra terrível é o remate das nossas investigações naturais; por que havemos então de suprimi-la em presença do ser divino e dos seus mistérios? Talvez digais que os mistérios da natureza diferem dos da ordem sobrenatural, em que estes escapam a toda a experiência, ao passo que aqueles que são a conclusão legítima de fatos verificados ex-

236 *Ex quo, inquit, evidenter colligitur, quaecumque argumenta contra fidei documenta ponantur, ex principiis naturae per se notis non procedere, unde nec demonstrationis vim habent, sed vel sunt rationes probabiles, vel sophisticae; et sic ad ea solvenda locus relinquitur* (S. Thom. Summ. cont. Gent., lib. I, cap. VII).

237 Veja-se a minha Introduction au Dogme Catholique, tom. I, quarta conf. Des erreurs du rationalisme touchant les mystères de la foi.

perimentalmente. Mas então de duas uma: ou exigis de todos os que desejam conhecer a natureza que repitam as experiências dos antepassados, isto é inadmissível; ou concedeis que, sem ofender a razão, podemos crer naquelas experiências sob a palavra dos que as fizeram. Se concedeis isto, senhores, lavrais a sentença da vossa condenação, porque é próprio da fé o crer por autoridade, pois que a fé adere às verdades que o próprio Deus revelou. Pois que! Para aceitar sem imprudência os mistérios da natureza, basta-me confiar na autoridade da nossa ciência, e haveis de estranhar que aceite os mistérios do ser divino tendo eu a certeza de que m'os revelou a sua ciência suprema? Que audácia é essa com que fazeis pender para o vosso lado a balança da verdade? Respondereis porventura que posso repetir a verificação experimental dos vossos ensinamentos científicos, e que os ensinamentos da ciência divina são inverificáveis. Sim; mas é certo que vós podíeis ter-vos enganado e que eu mesmo posso enganar-me na observação experimental; pelo contrário, Deus não pode se enganar, nem enganar-me revelando, e isto, deveis confessá-lo, compensa largamente a impossibilidade em que estou de verificar os dados da ciência divina. A incompreensibilidade dos mistérios não é, pois, motivo plausível que se aduza para rejeitá-los. O mistério da vida divina nada perde da sua grandeza por ser incompreensível; pelo contrário, é tanto mais digno e glorioso, quanto nós somos pequenos e impotentes para o desvendar.

Para destruir seguramente o nosso dogma de um só Deus em três pessoas, seria necessário, senhores, assestar contra ele essa máquina formidável das guerras intelectuais que se chama "princípio de contradição" e provar com este princípio que a fórmula pela qual se exprime a nossa fé é um enunciado evidente do absurdo. Ora, eu desafio o espírito mais sutil, mais robusto, mais paciente que exista, a que faça essa demonstração, pela concludente razão de que não temos os primeiros elementos dela. Em verdade, os primeiros elementos de uma demonstração acerca da natureza e personalidade de Deus seriam, parece-me, de uma parte, o perfeito conhecimento de todas as propriedades da natureza divina, da fecundidade infinita das suas operações internas, da determinação precisa da sua personalidade; por outra parte, o perfeito conhecimento de todas as relações possíveis da natureza e da substância em geral. Ninguém possui estes conhecimentos, por conseguinte ninguém pode lisonjear-se de bem raciocinar contra o mistério da Trindade, nem de poder destruir pelo absurdo esta fórmula dogmática: Há em Deus uma só natureza comum a três pessoas distintas. Esta fórmula parece-nos estranha, porque não vemos nada de análogo em nós e em torno de nós, porque as naturezas criadas não nos mostram senão uma subsistência; mas as naturezas criadas não são a medida adequada do infinito, e Deus não esgotou no mundo atual todas as possibilidades quanto às relações da natureza e da subsistência.

Analisai de perto, senhores, e vereis que nós mesmo somos uma coisa estranha, uma coisa na qual talvez não acreditaríamos se a nossa alma viesse separada do nosso corpo. Suponde que somos puras inteligências e que nos dizem que existem, num planeta longínquo, seres singulares nos quais a matéria e o espírito estão tão unidos que não formam senão uma natureza cujos atos se referem ao mesmo *eu*; seres que podem dizer, eu penso e eu como, eu amo e digiro, eu morro e eu sou imortal; com certeza julgaríamos isto impossível, se avaliássemos estes seres por nós, e esforçar-nos-íamos por demonstrar, harmonizando os nosso dados experimentais com os princípios da metafísica, que a matéria e o espírito têm, cada um, uma subsistência própria, que estas subsistências não se podem confundir num mesmo *eu*, que o espírito pode atuar sobre a matéria, mas que não pode ser sustentáculo dos seus atos, que a natureza humana é uma quimera, que uma personalidade mista, que fala simultaneamente como um animal e como um anjo, é um monstruoso absurdo. Entretanto, senhores, a natureza humana existe, sois vós, sou eu. Nós somos esse ser estranho que gravita, vegeta, vive, pensa, ama, decompõe-se e subsiste eternamente. Sobre a nossa fronte não deve escrever-se a palavra *monstro*, mas a palavra *mistério*. Mais misterioso do que nós é o ser divino, e o seu mistério é a nossa força contra as vãs tentativas da incredulidade.

A incredulidade quer demonstrar o absurdo da nossa distinção das pessoas divinas, porque, diz ela, as coisas idênticas a uma outra são idênticas entre si; ora, o Pai, o Filho e o Espírito Santo são idênticos à natureza divina, logo são idênticos entre si. Concordo, senhores, que as três pessoas são idênticas em natureza divina; mas não se prova e nunca se provará que esta natureza ilimitada, infinitamente fecunda, não possa ser comunicada em toda a sua plenitude e subsistir em três pessoas que se distinguem pela oposição da sua origem e das suas relações. Se me disserem que é próprio da personalidade o tornar uma natureza incomunicável, respondo, sim, se se trata de uma natureza limitada; não, se se trata de uma natureza sem limites; sim, ainda, se se trata do modo por que a natureza divina é comunicada; não, se se trata da comunicabilidade pura e simples desta natureza. É certo que a natureza divina não pode ser comunicada ao Filho por modo de paternidade, ao Espírito Santo por modo de filiação, pois que a distinção das pessoas seria impossível; mas, subsistindo cada modo, a natureza divina está em toda a sua plenitude no Pai, em toda a sua plenitude no Filho, em toda a sua plenitude no Espírito Santo. Mas isto confunde, dir-me-ão, todas as noções filosóficas da personalidade. Não confunde nada, senhores; a personalidade é em Deus o que deve ser: *natura intellectualis in se subsistens*, uma natureza intelectual subsistente em si; todavia, nota muito bem Santo Tomás, não devemos avaliar o infinito pelo finito, e é necessário formar da personalidade da natureza divina um conceito mais elevado do que o que formamos da personalidade nas naturezas criadas.[238]

Apesar disso, continuam, o infinito não escapa à lei matemática, e a lei matemática é manifestamente violada pelo mistério da Trindade. Três pessoas são Deus e não há mais que um Deus, que equivale a dizer absolutamente: *Três* igual a *um*, *um* igual a *três*. Que absurdo! Concordo que o absurdo seria evidente se *três*

238 *Persona significat id quod est perfectissimum in tota natura, scilicet subsistens in rationali natura. Unde, cum omne illud quod est perfectionis, Deo sit attribuendum eo quod ejus essentia continet in se omnem perfectionem: conveniens est ut hoc nomem, persona, de Deo dicatur. Non tamen eodem modo quo dicitur de creaturis, sed excellentiori modo; sicut et alia nomina, quae creaturis a nobis imposita Deo attribuuntur* (Summ. Theol., I, quaest. 29, a. 3).

e *um* tivessem absolutamente a mesma significação, se disséramos que três pessoas são iguais a uma pessoa, uma natureza indivisível igual a três naturezas; mas tal não é o sentido da fórmula dogmática: *Tres sunt et hi tres unum sunt.* Nós dizemos três pessoas iguais a uma natureza, uma só natureza igual a três pessoas; do mesmo modo que dizemos três dimensões, comprimento, largura e profundidade, são iguais a um só espaço e reciprocamente. É verdade que esta comparação não é adequada, pois que cada uma das pessoas divinas possui integralmente a mesma natureza, mas como o Pai não pode ser o Filho, e o Pai e o Filho não podem ser o Espírito Santo, a diversidade das relações faz desaparecer toda a contradição entre o número e a unidade, segundo o axioma teológico: *Diversitas relationum tollit contradictionem.* A lei matemática, bem longe de ser ofendida, aparece-nos aplicada de um modo eminente e transcendental, não na ordem abstrata, mas em um ser real e vivo.

Prevejo, senhores, que podeis apelar para o que disse da simplicidade divina, e perguntar-me como é que a multiplicidade de pessoas se harmoniza com esta simplicidade. A resposta é fácil; deduz-se naturalmente de um princípio que decerto não esquecestes: A simplicidade divina consiste em que Deus é tudo o que tem: *Deus est hoc quod habet.* É a sua imensidade, a sua eternidade, a sua imutabilidade, a sua infinidade, a sua inteligência, a sua vontade, a sua vida; é também a sua fecundidade; é todas as suas relações; é, pois, a sua paternidade, a sua filiação, a sua processão. A subsistência das pessoas não é uma sombra na simplicidade divina, é uma luz que nos faz ver melhor como é que os atos internos da inteligência e da vontade de Deus se harmonizam com a simplicidade do mesmo Deus.

Mas a que vem a multiplicidade das pessoas, se uma só personalidade basta à natureza divina? Respondemos antecipadamente a esta objeção quando demonstramos, contra os adoradores do ideal, que a perfeição suprema é um ser subsiste em si e por si, um princípio inteligente, vivo e ativo, uma pessoa.[239] Dete-

---

239 Exposição do Dogma Católico. Ano 1873. Quinta conferência: A Personalidade de Deus.

nhamo-nos nesta verdade tão simples e tão consentânea ao bom senso. Senhores, a fé chama-nos às profundidades do infinito. Considerando-o externamente, isto é, nas suas operações externas, devemos concluir que o infinito subsiste absolutamente, caso contrário, aliás, não seria perfeito.[240] É quanto basta para refutar aqueles que pretendem arrancar a vida ao infinito e reduzi-lo ao estado de pura e simples abstração; mas não temos então mais do que um conhecimento incompleto do que é a personalidade na essência divina.

O ensino católico completa a obra começada pela nossa razão e descobre-lhe a esplêndida e incomparável fecundidade do nosso Deus pessoal; não podemos deixar de conceber a Deus como subsistente em três pessoas distintas. Sob este aspecto íntimo, Deus responde vitoriosamente àqueles que o acusam de estar fatalmente condenado a obras indignas da sua grandeza, porque não é no mundo das criaturas, mas no próprio seio divino, que devemos procurar o termo perfeito da sua atividade profunda.

Sei que há ainda outras objeções, senhores; permiti, porém, que as despreze. Expus e refutei as mais importantes; provam suficientemente que a fórmula do nosso dogma não está em contradição com nenhuma lei lógica, matemática ou metafísica. Nos tempos modernos, a razão humana não insiste tanto sobre a necessidade de proclamar absurdos os princípios teológicos, como sobre a possibilidade de os transformar em puras concep-

---

240 *Natura divina est in se habens esse subsistens, nulla intellecta personarum distinctione* (S. Thom. in I distinct. XXI, quaest. 2, a. 1). *Dicendum, quod quia in divinis idem est quo est, et quod est, quidquid eorum quae attribuuntur Deo in abstracto, secundum se consideretur, aliis circumscriptis, erit aliquid subsistens, et per consequens persona, cum sit in natura intellectuali. Sicut igitur nunc positis proprietatibus personalibus in Deo, dicimus tres personas: ita exclusis per intellectum proprietatibus personalibus, remanebit in consideratione nostra natura divina ut subsistens, et ut persona* (Summ. Theol. III, quaest. 3, a. 3, ad. 1). *Omnis res ad seipsam subsistit, quanto magis Deus* (S. August. Lib. VII, De Trinit. cap. IV). *Una est Dei et sola natura, quae vere est; id enim quod subsistit, non aliunde habet, sed suum est* (Hieronymi epist. LV).

Proprietates personales hoc solum habent, quod supposita divinae naturae ad invicem distinguant; non autem sunt principium subsistendi naturae divinae; ipsa enim divina natura est secundum se subsistens; sed e contra proprietates personales habent quod subsistant ab essentia (S. Thom. quaest. 9, De Potent., a. 5, ad. 13).

ções. Escutemo-la. Como todos os mistérios cristãos, o da Trindade, longe de opor às leis do espírito humano, está sujeito a uma lei de progresso que pretende que a fé cega e entusiasta prepara exaltação da razão. A humanidade, na idade da espontaneidade, atém-se, como o infante, às fórmulas simbólicas, chega ao termo do seu movimento intelectual, isto é, à idade da reflexão, desliga a verdade do símbolo que a envolve e exprime-a por uma fórmula filosófica. É assim que o mistério de um Deus em três pessoas se converte na *ideia* que realiza a sua evolução, no *mundo* que é a ideia desenvolvida, na *relação* do mundo com a ideia, do concreto com a abstração transcendental;[241] ou antes, o *infinito* converte-se no *finito* e na *relação* do finito com o infinito; a *unidade*, na *variedade* e na relação da variedade com a unidade. "Sendo estas três ideias o fundo da razão humana, não necessariamente o fundo da razão eterna; é uma triplicidade que se resolve em unidade, uma unidade que se resolve em triplicidade; eis o Deus três vezes santo que o gênero humano reconhece e adora. Eis o fundo do próprio Cristianismo."[242]

A isto chamam transformações de um símbolo, e eu, senhores, digo que são corrupções de uma verdade claramente definida. Poderia eu expor-vos, como expus, o mistério das processões divinas, precisar os seus termos, explicar as suas propriedades, se a minha fé tivesse por objeto apenas o gérmen embrionário de uma concepção puramente filosófica? E supondo que o nosso dogma seja um símbolo, seria transformá-lo fazê-lo passar duma ordem superior a uma ordem inferior? Se há um darwinismo intelectual e dogmático, siga ao menos a lei do progresso e não uma lei de decadência. Falam-nos do finito e do infinito, da variedade e da unidade, das relações de um e de outro, mas não é essa a questão; a fórmula da vida divina exprime as relações reais do infinito consigo mesmo. Não saiais da ordem das ideias e apresentai-me, se podeis, uma fórmula mais grandiosa, na qual vejamos melhor a vida e a perfeição de Deus; mas descer do infi-

241 Trindade hegeliana.
242 Cousin. Introduc. À l'hist. de la Philosophie. Leçon V.

nito ao finito, tomar como um embrião informe o nosso dogma tão nobre, tão elevado, tão puro, tão digno da majestade de Deus, e obrigá-lo a produzir uma trilogia vulgar que ensine ao gênero humano o que sabe há seis mil anos, é tão ridículo como seria ridículo tentar extrair do gérmen da vida humana um carvalho ou um choupo.[243]

Assim, senhores, as transformações filosóficas dos mistérios estão hoje singularmente modificadas. Virão outras, é possível; esperamo-las nas eminências sublimes aonde nos elevou a palavra de Deus, convencidos, em presença da imutabilidade da nossa doutrina, que a razão é tão impotente para desfigurar os mistérios da fé com as suas interpretações, como para os destruir em nome da evidência.

Pobre razão! Tratei-te muito mal; mas não vos queixeis, senhores, ides ver o quanto ela pode quando aceita humildemente o incompreensível.

II

Deus deve a si mesmo o fazer-nos compreender o quanto a sua majestade infinita se eleva acima de tudo o que podemos conceber; e por isso é que espalhou sobre a natureza tantos mistérios que por toda a parte limitam o horizonte da nossa inteligência. Mas o nosso desejo de conhecer é tão violento, a promessa de tudo saber, feita ao nosso orgulho pelo inimigo do gênero humano, deixou em nossas almas tão profundos vestígios, que exageramos facilmente a nossa ciência e imaginamos tudo compreender nas afirmações conquistadas pela nossa razão. O próprio Deus não está ao abrigo desta audaciosa pretensão do nosso espírito. Quando, para nos elevarmos até ele, seguimos o caminho que devemos seguir, o nosso espírito se não sabe conter-se dentro dos limites da sua atividade, enfatua-se e ensoberbece-se. Em face de conclusões havidas à custa de penosos trabalhos e que o espírito agrupou em volta da verdade fundamental da existência de Deus,

243 Veja-se a minha Introdução ao Dogma Católico, tomo I, quarta conferência.

julga que conhecer o infinito é talvez compreendê-lo. E para que não tivéssemos tempo de nos desvanecer neste pensamento, preparou-nos Deus uma salutar humilhação.

Temos trabalhado como gigantes, e projetado sobre esse oceano sem limites a que chamamos Deus imensas luzes. E apesar destas luzes, interrogamos o longínquo, contemplamos as ondas luminosas, especulamos sobre as profundidades daquele oceano, escutamos todos os bruídos, e, satisfeita de si mesmo, a nossa razão exclama alfim: está mui perto de ti o Deus que se dizia longe de nós; medi a sua essência, as suas perfeições, a sua inteligência, a sua vontade, a sua pessoa, a sua vida; não sou por isso uma potência tão ínfima e pequena como se diz, pois que achei a Deus, vi-o, sei o que é. Mas a esta provocação temerária responde uma voz misteriosa do fundo dos abismos: *Tres sunt qui testimonium dant in caelo, Pater, Verbum et Spiritus Sanctus et hi tres unum sunt.* E o orgulho da nossa razão ficou humilhado. Que quer isto dizer? Enganar-me-ia eu no caminho, ou enganar-me-iam as criaturas? Procurei um primeiro ser, julguei tê-lo achado uno e tê-lo todo inteiro nessa essência simples a qual laboriosamente atribui todas as perfeições inimagináveis, e eis que são três: o Pai, o Filho e o Espírito Santo. Compreendo perfeitamente um Deus, Pai de todos os seres; mas um Deus filho, um Espírito cuja origem não posso explicar, a vida duas vezes recebida no princípio sem deixar de ser princípio, a Trindade que devemos adorar na unidade, a unidade que devemos confessar na trindade, um número em que devemos crer sem dividir o Deus único, o Deus único que devemos confessar sem diminuir nem confundir com o número, enfim, três pessoas, três viventes, onde não vejo senão uma pessoa e uma vida, que mistério! Nada há no mundo, nem subsistência, nem forma, nem movimento; nada há na alma, nem potência, nem operação, nem ato consumado, que possa revelar-me tais coisas. Não compreendo nada. Deverei revoltar-me? Se me revolto, ofendo o Deus que se revela à minha inteligência, porque é a sua voz que me fala, e, se me afasto da sua face, caio nas trevas! Humilhemo-nos, pois. Ó grande Deus! Quereríamos que a vossa majestade se abandonasse às nossas investigações, como esses seres inocentes e fracos que sem piedade rasgamos a fim de analisar e contar minuciosamente todas as suas fibras e todos os seus átomos; quereríamos surpreender o segredo da vossa vida, e eis que, depois de nos terdes atraído a voz pela irradiação das vossas perfeições, vós vos cobris com um véu impenetrável e tornai-vos tão grande e majestoso quanto sois inacessível e incompreensível. A nossa razão orgulhosa tem necessidade de ser humilhada: vós a humilhastes até ao pó da terra; é justo, é essa a atitude que lhe convém. A razão está mui humilhada, mas não aviltada. Se compreendesse, teria o direito de se levantar; mas porque não compreende, é justo que fique prostrada. No seu abatimento, a razão conhece que vós vos elevastes acima de tudo o que a criatura mais perfeita poderia conceber; neste abatimento confessa a sua impotência, neste abatimento compreende os seus temerários desejos, neste abatimento adquire forças para adorar, neste abatimento espera com paciência que lhe seja dado contemplar à luz da eternidade aquilo que firmemente creu nas sombras do tempo.

Mas quê? O mistério da vida divina não é para nós mais do que uma sombra e uma humilhação. Não, senhores, a fórmula de que Deus se serve, como de um raio, para esmagar o nosso orgulho, recompensa pelos seus maravilhosos esplendores o abatimento da nossa razão. Desde que cremos, a natureza, submersa nas sombras da noite, ilumina-se e em presença desta palavra do céu: — São três —, responde com vivas imagens: E por que não haviam de ser três? A nossa razão investiga, analisa, interroga, escuta e, se não pode vir em auxílio da fé por meio de uma rigorosa demonstração da verdade do mistério, confirma a sua credibilidade e opõe-na vitoriosamente às suas próprias queixas.[244]

Vemos a vida na natureza, e, visto que a vida é uma perfeição, afirmamos que Deus é um ser vivo. Mas não vedes, senhores, que a fecundidade é, cá na terra, o remate e a coroa de toda a vida? A natureza viva é dotada de uma força mediante a qual conserva e aumenta o seu próprio bem; ao lado desta força

244 Cf. Summ. Theol., I, quaest. 32, a. I, ad. 2.

egoísta há uma outra força generosa e expansiva em virtude da qual todo o ser vivo espalha o bem que nele existe. Espalhar o bem é a mais elevada manifestação do movimento vital; um ser é tanto mais nobre e glorioso quanto mais largamente o liberaliza; a mais perfeita difusão do bem consiste em reproduzir-se segundo a sua própria natureza, em gerar um ser semelhante a si. Eis por que Deus, no princípio, rematou a criação dos seres vivos com esta benção que lhes dava a fecundidade: "Que todas as plantas, que todos os animais do céu, da terra e do mar, produzam seres semelhantes a eles", e ao homem disse: "Crescei e multiplicai-vos." *Crescite et multiplicamini.*

Esperamos dos seres sujeitos ao nosso domínio real o efeito da benção divina, e estimamo-los em razão da sua fecundidade. Produzir muito é a glória dos nossos campos, dos nossos vergéis e dos nossos rebanhos. Desvanecemo-nos com esta glória, porque recompensa os nossos trabalhos; tende como certo que a natureza, nossa serva, se desvaneceria também se pudesse falar. Quantas vezes, ao declinar de formosos dias, eu ficava enlevado ao escutar a voz misteriosa das árvores agitadas pelo vento do outono! Lastimavam-se certamente por ver que tombavam sobre o chão as suas folhas; mas também se consolavam por ver que em torno de si caíam sementes que lhes garantiam uma esperança de imortalidade. "Ide, diziam elas, ide filhas dos nossos castos amores. Caí sobre a terra fértil donde saireis depressa. Direis a outras gerações que nós vivemos, e o nosso velho tronco, desfazendo-se sob o peso dos anos, ou caindo aos golpes do machado, poderá consolar-se de sobreviver às suas ruínas". Reviver em um ser que nos deva a vida e que se assemelhe a nós, é, diz São Gregório de Nazianzo, a mais elevada das honras. É belo o ser senhor, e o orgulho fica satisfeito em ver que às suas ordens obedece numerosa multidão de servos; mas nada há que possa igualar o legítimo orgulho e a imensa alegria de um pai que se contempla no filho.[245]

245 *Tibi sexcentis servis imperare minus jucundum futurum est quam unius filii parentem esse* (Greg. Nazianz. Orat. XXIII, De Place, 3, nº 7).

Evidentemente, senhores, a fecundidade é uma perfeição. Recebestes esta perfeição d'Aquele que dá o seu nome a toda a paternidade no céu e na terra; por que é que esse haveria de ser privado dela? Ainda mais, como poderia Ele comunicar às criaturas uma glória e uma virtude que não tem? Não sou eu, mas o próprio Deus que faz esta pergunta pela boca do seu profeta. Pois que? Sou eu que dou a fecundidade aos seres e não sou fecundo? *Numquid ego qui alios parere facio, ipse non pariam?* Dou aos outros o poder de gerar e sou estéril? *Et ego qui generationem coeteris tribuo sterilis ero?*[246]

Não, meu Deus, vós não sois estéril. O universo é fruto da vossa fecundidade e em vosso seio existe uma infinidade de mundos que, amanhã, se vos aprouvesse, surgiriam. Todos os dias saudamos a vossa paternidade santa. Estai de sobreaviso, senhores, para não cairdes num erro grosseiro que o grande Platão não pôde evitar, pois que chama ao universo o Deus gerado, a imagem visível do invisível. O panteísmo é o escolho de todos aqueles que, sem o auxílio da fé, querem aplicar a Deus a lei da reprodução. Em vez de considerarem o mundo como obra de uma bondade infinita, consideram-no apenas como emanação da substância divina, e a fecundidade que deveria ser a glória de Deus, como é das criaturas, torna-se o instrumento da sua eterna desonra.

O mundo criado pela bondade de Deus não é filho da sua natureza. E se deve haver uma paternidade na essência divina, princípio de toda a paternidade, é de necessidade que seja verdadeira, isto é, que o filho procedendo do pai por geração seja consubstancial ao pai. "Tal é a lei universal, exclama Santo Agostinho, e seria uma impiedade afirmar que o Eterno seja inferior em virtude ao ser que passa." É verdade que em Deus não há matéria de onde possa haurir um gérmen ao qual comunique a sua vida e a sua perfeição; todavia, puro espírito, Deus será fecundo à maneira dos espíritos.

Abafemos a voz da carne e do sangue, senhores, e transportemos a uma esfera incorruptível todo o poder das nossas in-

246 Is LXVI, 9.

duções. A substância individual que habita nas profundidades do nosso corpo não tem por função única presidir aos movimentos do nosso organismo; sob as abóbadas imóveis que a ocultam à nossa vista, é fecunda, produz, gera o seu pensamento expresso pelo verbo, no qual se contempla, ela e todos os objetos do seu conhecimento. O verbo não divide a substância da alma, no entanto é distinto da atividade que o gera, o solicita, o atrai a si pelo incitamento dos objetos, cujos encantos inunda de luz e faz produzir um segundo ato, o amor; ato distinto da potência donde provém, distinto do verbo que solicitou esta potência e, todavia, unido com eles na mesma substância. Deste modo são três: a alma ativa, o seu verbo, o seu amor, e estes três são um. *Tres sunt et hi tres unum sunt.*

Confesso que esta fecundidade da alma é imperfeita, pois que não produz seres, mas modos de ser que aparecem e desaparecem da substância, permanecendo esta. Não raras vezes sucede que o nosso verbo se eclipsa e se esconde onde a memória não pode alcançá-lo; inconstante e móbil, como a maior parte dos objetos que abraça, o nosso amor nasce ardente como um vulcão e vai pouco a pouco extinguindo-se. Que distância desses modos transitórios e defectíveis às pessoas vivas, cujas processões eternas queremos afirmar em Deus! Mas eu não disse, senhores, que a nossa alma fosse a imagem acabada do infinito, e que não tínhamos mais nada a fazer do que estudá-la para saber o que se passa na essência divina. A nossa vida íntima é o ponto de partida de uma indução análoga às que nos elevaram do ser contingente ao Ser necessário, das perfeições limitadas à perfeição sem limites. Segui esta indução, aplicai ao infinito as indicações que a vossa alma vos subministra, talvez que alfim vos achareis em presença do mistério da vida divina.

Gerais um verbo, produzis um amor, mas o vosso verbo e o vosso amor não subsistem; sabeis o porquê, senhores? É porque são, num ser finito, os termos finitos de atos finitos. Se fôsseis infinitos, faríeis necessariamente passar aos vossos atos essenciais da inteligência e da vontade toda a vossa perfeição, e sendo a personalidade o que há de mais perfeito numa natureza,[247] a perfeição princesa, como diziam os antigos, a própria raiz das operações íntimas, passaria também, com todas as vossas perfeições, aos termos dos vossos atos, ou antes, é ela que faria passar todas as vossas perfeições. O vosso verbo substancialmente gerado não seria um modo, mas uma pessoa viva; o vosso verbo vivo dar-vos-ia um amor igual ao vosso, e da conjunção destes dois amores veríeis sair ainda uma pessoa viva, um espírito e seríeis três: seríeis pai do verbo, vosso verbo, vosso amor subsistente, e estes três seriam um: vós, o *infinito!*

Senhores, eu não tenho necessidade de vos indicar o alcance desta proposição. Ela desperta em vós, bem o sei, a lembrança do que ultimamente dissemos das admiráveis processões de Deus: o Pai sem princípio, o Verbo imagem do Pai, caráter da sua substância, filho único da sua inteligência, o Espírito Santo, espiração viva, laço pessoal, dom subsistente do amor do Pai e do Filho. Estes três são um, não podem revoltar-se contra a nossa inteligência, seguindo esta indução simultaneamente simples e peremptória. A fecundidade é a honra da vida, logo, Deus, a quem pertence toda a honra, deve ser fecundo; a honra da fecundidade é tanto mais perfeita quanto o ser produzido é mais semelhante ao seu princípio: logo, Deus, perfeição suprema, deve produzir um seu semelhante. Onde não existe matéria, a fecundidade é toda espiritual: logo, Deus, puro espírito, é fecundo à maneira dos espíritos; um espírito infinito deve fazer passar toda a sua perfeição aos termos dos seus atos essenciais, a personalidade é o que há de mais perfeito na natureza quer finita, quer infinita: logo, Deus faz passar sua personalidade aos seus atos essenciais de inteligência e de amor, logo são *três*, e estes três são *um*.

Demonstrei eu porventura a verdade do mistério da Trindade? Não tive tal pretensão, e muito menos a de vos fazer compreender como é que puras relações são realidades vivas, como é que subsistem na mesma natureza, como é que a sua

247 *Nomen personae significat id quod perfectissimum est in natura* (S. Th., I, quaest. 29, a. 3).

subsistência própria se harmoniza com a subsistência absoluta da essência divina, como é que a sua perfeição nada acrescenta à perfeição essencial de Deus; mas, subsistindo sempre o mistério, apenas tentei demonstrar-vos a sua credibilidade. E isto é o bastante para levantar a razão humilhada e dar-lhe o direito para desprezar as repugnâncias que a embaraçam. Dadas as sombras e as luzes deste mistério, estas levam vantagem sobre aquelas, e tanto mais quanto é certo que o dogma da vida divina aceitado pela fé converte-se para a alma cristã em facho radiante que ilumina o mundo divino, o mundo da natureza e o mundo da graça.

O que é o Deus proclamado pela razão? Um ser primário e necessário, ornado de todas as perfeições, bastando-se plenamente a si mesmo, dando a todos os seres, cuja natureza nada tem de comum com a sua, e nada recebendo que seja digno dele; mônada silenciosa, solitária e estéril, eternamente condenada, na sua intimidade, a uma vida egoísta. Para Deus não há família, nem sociedade, nem expansão, nem vozes que cantem a sua glória e a sua beatitude. Ah! Como este Deus é tenebroso e frio para o meu coração que tem razões que a razão não compreende! Mas desde o momento em que creio que há três: o Pai, o Filho e o Espírito Santo, a luz inunda o meu espírito; vejo circular a vida, expandir-se o amor, encontro no princípio e no objeto supremo de toda a felicidade, a felicidade que procuro cá na terra. O coração humano tem necessidade de amigos que sejam mais do que a metade da nossa alma, amigos que sejam outros nós. Pois bem! O *alter ego* que com tanta dificuldade encontro no caminho das minhas afeições, e que com tanta dificuldade conservo na minha intimidade, Deus o possui na sua essência, e possui-o sem receio de nunca o perder, possui-o duas vezes na luz e no amor. Ninguém lho deu nem podia dar, tirou-o da sua fecundidade infinita, fez-se ele mesmo o *alter ego* das pessoas sagradas nas quais se expande sem nada perder da sua perfeição. *Alter ego!* Nunca e em coisa alguma estas duas palavras foram tão rigorosa e perfeitamente verdadeiras como na Trindade divina; porque não há família, nem intimidade de amigos mais unida pela natureza, pela semelhança, pela comunidade de vida e de bens. São três, e cantam mutuamente um cântico igual à sua perfeição. Terra, Céu, calai-vos; Serafins, suspendei os vossos concertos; escutai: no Céu dos céus, Deus canta a sua própria glória: *caeli enarrant gloriam Dei*... as vozes divinas do Pai, do Filho e do Espírito Santo cantam de modo inimitável e incompreensível a toda a criatura: *Sanctus, Sanctus, Sanctus.*

Deus da minha fé, como és superior ao Deus da minha razão! És superior porque te vejo melhor; és superior ainda, porque me fazes ver melhor todas as coisas. Cada um dos teus atos íntimos atinge eternamente o seu termo, possui-o plenamente e possui nele o termo de todos os movimentos. E não é por isso que os seres têm no mundo a força de se moverem, e se moverem com tão maravilhosa segurança de direção? Vós, ó Deus da minha fé, manifestastes-vos e dais-vos; e não é por isto que todos os movimentos das criaturas se podem reduzir a dois: manifestarem-se e darem-se? Vós manifestais-vos por uma imagem que representa substancialmente todo o vosso ser; não é por isto que os átomos, as forças, a vida, tendem a manifestar-se por um movimento que fixa e manifesta a sua figura própria, a sua forma determinada? A Vossa fecundidade não pode deixar de ser, nem deixar de se produzir; não é por isto que todo o vivente é atormentado na necessidade de comunicar a vida? Vós sois o ternário sagrado; não é por isto que os anjos, o tempo, o espaço, o universo, os corpos, o movimento, os reinos da natureza, os astros, a vida, a nossa carne, a nossa alma, as nossas operações intelectuais, as nossas famílias, têm o selo deste número três, tão venerado da humanidade religiosa e por ela chamado o número perfeito: *Omne trinum perfectum*? Vós sois o número perfeito na unidade indivisível; não é por isto que as criaturas em vez de se concentrarem numa existência egoísta, procuram agrupar-se no magnífico todo que tem em si mesmo o nome de unidade: *universo?*[248] É o amor substancial que

248 *Per hunc numerum (ternarium) adhibuimus nos metipsos magnificare Deum unum, eminentem proprietatibus eorum quae sunt creata* (Arist. in I, de Caelo et Mundo). Não pretendemos fundar uma demonstração sobre o papel ternário no universo, mas é certo que o encontramos em toda a parte e que os maiores espíritos reconheceram neste fato

completa a vida íntima; não é também o amor complemento de toda a vida assim na terra como no céu? Não se pode dizer dele, como um ilustre comentador de Platão: "O amor é o laço eterno, o laço misterioso do mundo e das suas partes, o sustentáculo imóvel, o sólido fundamento que sustenta toda a máquina do universo"?[249] Enfim, ó meu Deus, Vós sois a harmonia eterna e infinita, à luz das vossas processões vejo melhor a harmonia da vossa obra.

Vejo melhor no mundo divino e no mundo da natureza, iluminados pelo dogma da Trindade; todavia, senhores, eu não veria tudo no mundo da graça, se não cresse no mistério de um Deus em três pessoas. Este mistério é tão indispensável à economia das verdades cristãs, como a luz do Sol é indispensável à natureza. Se suprimis a Trindade, podereis porventura compreender que um Deus fosse prometido por um Deus, enviado por

---

um vestígio repetido do ternário divino.

Há três operações na obra geral da criação; a produção, a distinção dos seres, o ornato. Três grandes gêneros no conjunto dos seres: o ser angélico, puramente espiritual, o ser corpóreo e o ser misto do homem. Três graus constitutivos do ser: o ser, a vida, a inteligência; esse, vivere, intelligere. Em toda a coisa se notam três caracteres: o que a faz una, o que a faz tal, o que a faz ordenada, o número, o peso, a medida, o ser, a potência, o ato; três propriedades: a unidade, a verdade, o bem. Três medidas de duração: o tempo, a duração contínua (*aevum*), a eternidade. Três partes no tempo: o passado, o presente, o futuro. Três espassos de quantidades: a linha, a superfície, o corpo. Três dimensões dos corpos: o comprimento, a largura, e a profundidade. Três estados na matéria: o estado sólido, o líquido, o gasoso. Três fluidos penetram o mundo dos corpos: o fluido luminoso, o calórico e o elétrico, e estes três, segundo as observações da ciência, são um. No raio luminoso de três cores simples e irredutíveis: o amarelo, o encarnado e o azul. Na escala da música três notas compõe a harmonia perfeita: a tônica, a terceira e a quinta. O mundo terrestre está dividido em três reinos: mineral, vegetal e animal. O microcosmos, o homem, possui três vidas numa só: a vegetativa, a sensitiva e a racional. Há três faculdades na alma: a memória, a inteligência, a vontade. Três operações no espírito: a percepção, o juízo, o raciocínio. Três movimentos da vontade: o movimento espontâneo, o voluntário simples, o livre. A família só se completa por três: o pai, a mãe, o filho. A grande família humana compõe-se de três raças: a raça semítica, a jafética e a raça cânica. No mundo angélico contam-se três jerarquias; em cada jerarquia três coros; em cada coro, três operações exteriores: a purificação, a iluminação, o aperfeiçoamento. Não tenho pretensão de esgotar os ternários criados; procurai-os vós mesmo, leitor, e encontrá-lo-eis.

249 *Merito dici potest amor nodus perpetuus et copula mundi partiumque ejus, et ejus immobile sustentaculum ac firmum totius machinae firmamentum* (Marsile Ficin, Comment. sur le Banquet de Platon). Cf. Summ. Theol., I, quaest. 45, a. 7)

um Deus? Que um Deus trouxesse ao mundo a doutrina e a lei de um Deus; que um Deus paciente aplacasse a justiça de um Deus ofendido; que um Deus fosse o mediador da humanidade junto de um Deus; que um Deus fosse um dom de Deus e completasse em nossa alma a obra de um Deus? Se admitis a Trindade e negais a unidade indivisível, não vos condenais fatalmente a dividir as vossas adorações e a cair no vergonhoso abismo do politeísmo?

De um lado, trevas do inteligível; do outro, abjeção do sentimento religioso. Pelo contrário, confessai esta verdade: São três! O Pai, o Filho e o Espírito Santo, e estes três são um; imediatamente resplandece o mundo da graça. O Pai aparece-nos no princípio de toda a vida nos céus e na terra. Ofendido pela sua criatura, e querendo satisfazer a sua bondade sem sacrificar os direitos da sua majestade, envia o seu Filho, e o Filho, obedecendo, cumpre a sua missão reparadora mediante o preço das suas humilhações, do seu sangue e da sua morte; a humanidade de que se revestiu abate-o muito e por isso pode representar os pecadores, ao passo que a sua vida divina o eleva igualando-o Àquele cuja justiça deve aplacar. Princípio, como seu Pai, do Espírito Santo, derrama-o na Igreja e sobre as almas a fim de que se consume a vida sobrenatural. Um mesmo Deus é criador, redentor e santificador; as missões divinas e as atribuições pessoais explicam-nos a economia, a ligação e união de todos os mistérios, e, em concerto com os Serafins, a humanidade cristã saúda por um tríplice *Sanctus*, três pessoas e um só Deus e Senhor. *Sanctus, Sanctus, Sanctus Dominus Deus.*

Deste modo, senhores, a Trindade é o dogma gerador dos dogmas, o Sol dos nossos mistérios, a luz desta noite sagrada da qual o profeta diz que será iluminada como o dia, a chave da abóbada da ordem sobrenatural, a base de toda a doutrina católica.[250] A cada passo o encontramos no nosso ensino; acreditai-o, ou então não volteis aqui para me ouvirdes. Acreditai-o, não é

250 *Cognitio divinarum personarum fuit principalius necessaria nobis ad recte sentiendum de salute generis humani quae perficitur per filium incarnatum, et per donum Spiritus Sancti* (Summ. Theol., I, quaest. 32, a. I ad.).

verdade? A vossa fé sente-se com forças bastantes para desprezar as ridículas e vãs acusações da incredulidade. A incredulidade pretende que o dogma da Trindade é uma espécie de *imbróglio* místico de que a Igreja se serve para espantar o espírito humano e exercer sobre ele uma tirania incompreensível; mas como sustentar esta pretensão em face das claras definições que apresentei do mistério da vida divina? Este mistério exprime uma ideia fecunda, e com as suas luzes consola e fortifica as almas crentes depois de as ter salutarmente humilhado. É a nuvem miraculosa que nos segue durante a nossa peregrinação sobre a terra, como aquela que seguia outrora o povo de Deus na sua viagem para a Terra da promissão. A sua sombra abriga-nos de um inimigo ainda mais terrível do que o soberbo Faraó: o orgulho da razão; os seus clarões dirigem os nossos passos através das ondas do erro e do árido deserto de um mundo do qual Deus está muitas vezes ausente. Essa nuvem avança tanto quanto nós avançamos, e só se dissipará nos umbrais da pátria que nos espera para contemplar sem véu a Trindade na Unidade, a Unidade na Trindade.

Duodécima Conferência

Deus, Princípio e Fim

Duodécima Conferência

Deus, Princípio e Fim

Meus Senhores,

A atividade divina ficaria esgotada com as processões eternas e sublimes do Verbo e do Espírito Santo, e Deus, na sociedade que povoa a sua essência, guardaria com egoístico cuidado os bens e a sua felicidade? Enunciar estas questões, o mesmo é que resolvê-las, pois que ninguém as proporia se a soberana bondade de Deus não se expandisse num mundo inferior, onde procuramos vestígios seus para a adorar. A obra de Deus brilha aos nossos olhos, nós somos o mais belo ornamento dessa obra, ou, para dizer melhor, o seu laço sagrado. Mas ainda não é tempo de considerar essa obra em si mesma; hoje devemos concluir o nosso estudo do ser divino e das suas perfeições, o conhecimento do Pai onipotente que confessamos, no princípio das nossas conferências, pela meditação destas palavras, que são o resumo de todas as relações de Deus com os seres externos: "Eu sou o Alfa e o Ômega, o Princípio e o Fim de todas as coisas. *Ego sum alpha et omega, principium et finis.*

No decurso das nossas conferências recolhemos importantes indicações atinentes à processão das criaturas. A inteligência divina conhece-as e ordena-as eternamente, uma ciência infinita dirige a vontade onipotente que livremente decreta a sua existência, e dirige também o amor puro que as enche de benefícios. Estas indicações, juntas às provas que apresentamos no ano passado acerca da existência de uma causa primária, resolveriam imediatamente a esta questão do ato criador se, por uma parte, graves dificuldades não nos obrigassem a definir de um modo mais preciso a natureza daquele ato, se, por outra parte, não tivéssemos necessidade de conhecer, o mais perfeitamente possível, o fim que Deus intentou criando. Determinemos bem o assunto deste discurso. Não se trata saber se Deus é princípio: é uma questão demonstrada; trata-se de saber em que condições Deus é princípio e a que tende como princípio. Da solução do primeiro problema depende a integridade das noções que até aqui adquirimos sobre a perfeição do ser divino; da solução do segundo depende a clara inteligência das verdades que havemos de expor quando tratarmos da obra de Deus e da ação de Deus na sua obra. Não procurarei em outra parte, senhores, esta dupla solução, senão nestas simples palavras da Escritura: *Omnia propter semetipsum operatus est Deus.* Deus fez tudo para si mesmo. *Omnia operatus est*: eis a natureza do ato criador; *propter semetipsum*: eis o fim.

I

O ensino católico, atribuindo a Deus a causalidade universal, não faz absolutamente reserva alguma; na palavra *omnia* está tudo compreendido. Deus, princípio, exerce a sua ação até a própria raiz das coisas: a substância. Faz que esta substância exista, determina a sua natureza, dá-lhe as suas propriedades distintivas, assinala-lhe o seu lugar na ordem geral.

Eis, senhores, a nossa doutrina, contra a qual se aduz este axioma vulgar: *Ex nihilo nihil fit,* do nada, nada se faz. Vemos que as forças atuam na natureza e produzem movimentos e formas, nada mais. O átomo comunica movimento a outro átomo, o astro arrasta na sua carreira outro astro, o ser vivo gera outros seres vivos, o homem domina os elementos, calcula a sua energia, obriga-os a servirem aos seus interesses ou aos seus prazeres; transforma as substâncias brutas em mil obras de arte nas quais parece que a vida circula; enfim, realiza em maravilhosos trabalhos infinitas combinações do seu gênio fértil. Notai, porém, senhores, que a força, de qualquer natureza que seja, opera sempre sobre um ser preexistente. O átomo é alguma coisa, o astro é alguma coisa, o gérmen vital é alguma coisa, o elemento é alguma coisa, a matéria das obras humanas é alguma coisa antes de receberem a força, o movimento e a forma. Suprimi essa alguma coisa, ponde o nada em presença da atividade mais fecunda, e responder-vos-á: nada posso fazer.

Não é porventura assim que havemos de entender o ato criador: a operação de uma atividade infinita sobre um ser sem movimento e sem forma, se não queremos ofender um axioma, cuja verdade imutável a nossa experiência demonstra? Deus permanece o que deve ser, espírito puro, inteligência suprema, atividade onipotente; mas tem necessidade, como toda e qualquer força, de uma matéria móbil e operável, para que possa operar exteriormente. Diminuí, tanto quanto quiserdes, esta matéria; pouco importa que seja confusa, indistinta, informe e sem energia, contanto que seja alguma coisa que só a si mesma deva a sua eterna existência! Espera o momento e a palavra do celeste artífice. Uma vez apreendida, move-se, desenvolve-se, divide-se, transforma-se, organiza-se, e torna-se, sob milhões de aspectos diferentes, um conjunto onde reina a ordem e onde se revela o desígnio de um espírito superior; eis o mundo, a verdadeira criação de Deus.

Senhores, eis-vos na presença de um sistema quase universalmente adotado pela filosofia antiga e que os dois grandes pensadores da Grécia, Platão e Aristóteles, não puderam reformar. Ambos, à parte as variantes que é inútil indicar agora, professaram o dualismo, isto é, a existência colateral de dois princípios sem princípio, um soberanamente perfeito, outro soberanamente imperfeito, um, forma pura infinitamente operante, outro, completamente informe e indiferente. Poderíamos, por meio de uma interpretação benigna, não ver na matéria prima dos antigos senão uma massa vaporosa e confusa, assim descrita no Gênesis: *terra autem erat inanis et vacua*, mas nós cremos que esta massa começou; a matéria prima do dualismo não começa, existe por si mesma.

Antes de analisar estas proposições, deixai que pergunte aos patronos dos dois princípios o que pensam do espírito; Pois, enfim, há espíritos no mundo, e, se não me engano, o espírito é uma substância. É o espírito uma parcela do infinito? Mas então onde fica a unidade da essência divina? É um ser independente dos dois princípios? Mas de onde vem? Em virtude de que leis está submetido ao soberano domínio de Deus, pois que nada lhe deve? É um extrato da matéria? Mas, então, como é simples, sendo a matéria composta? É uma substância criada? Mas existe alguma coisa criada do nada? Bem o vedes, senhores, a dificuldade é séria, e, sob qualquer aspecto que a consideremos, é um golpe mortal no dualismo. Não intento alcançar um triunfo sobre o dualismo, considero este sistema tal como é, e pretendo demonstrar-vos a sua inanidade.

Fixai bem, eu vo-lo peço, às enormes contradições sobre as quais repousa a teoria dos dois princípios. Existir é a perfeição primeira, a raiz de todas as perfeições; antes de ser de tal ou tal modo, é necessário ser. Ora, como o modo de ser é proporcional ao ser, para sustentar uma perfeição infinita é necessária uma existência infinita, e eu não sei se há outro modo de existir infinitamente senão o existir de si. Todo o ser, pois, que for dotado de uma perfeição infinita há de existir infinitamente; reciprocamente, todo o ser que existir infinitamente há de ser dotado de uma perfeição infinita. Analisemos à luz destas verdades os dois princípios do dualismo. De um lado, eis um ser afogado em trevas, condenado pela natureza a uma eterna imobilidade. Pedi-lhe que vos diga o que é; não vos responderá. Tentai descrever a sua forma; não a tem. É capaz de ser tudo, contanto que o ajudem; entretanto é um pouco mais que possível. Admirai a maravilha, essa coisa una e universal, este puro receptáculo da perfeição existe infinitamente, porque existe de si, é um ser necessário. Tem o mais e não pode dar a si mesmo o menos. Concebeis isto, senhores? Do outro lado, eis um ser cuja perfeição é igual à sua existência; chama-se infinito; deve-o ser – não é verdade? – em todas as manifestações da perfeição. Pois bem, não o é. A mais pobre, a mais ínfima das coisas limita eternamente a sua inteligência e o seu poder. Não a concebeu, não tem a força de a produzir. Um não sei que obstinadamente escarnece do infinito, dizendo-lhe imperiosamente como o grão de areia ao oceano: "tu não passarás além." Tudo isto é mais que misterioso, é absurdo.[251]

E nem outra coisa se podia deduzir, senhores, de uma indução mal dirigida e de um princípio mal compreendido. O dualismo julga Deus como julga o homem, e porque, do depoimento da atividade humana, só vê alegados movimentos e formas, conclui que Deus está fatalmente condenado a só produzir movimentos e formas. É um erro filosófico. Não podemos sustar o progresso do processo racional que nos leva ao conhecimento do infinito. Deve chegar ao seu termo toda a indução que vai do contingente ao necessário, do temporal ao eterno, da perfeição limitada à perfeição sem limites; e pois que se trata do ato criador, não podemos dar-lhe por limite o movimento e as formas, porque só a criação da mesma substância das coisas nos pode dar a ideia ajustada de uma onipotência infinita.

Objetam-nos que do nada, nada se faz: *ex nihilo nihil fit*; mas é necessário entender bem este axioma.[252] Não é verdade o dizer-se que, do nada, nada se faz neste sentido: que uma coisa que ainda não foi feita não possa ser feita substância ou acidente, matéria ou figura, força ou movimento; a experiência reclama contra tal interpretação. Constantemente nós fazemos alguma coisa de nada. Tenho diante de mim um pedaço de mármore,

Será deus, mesa ou louça?

Será o que eu quiser, e o que será era nada antes que eu o fizesse. Uma casa, enquanto casa, era nada antes de edificada; um ser vivo, enquanto vivo, era nada antes de animado; este movimento do meu braço, que levanto sobre as vossas cabeças, era nada antes do ato da minha vontade que o imperou. Logo, há

251 Cf. Summ. Theol., I, quaest. 44, aa. 1, 2; Ibid.
252 Cf. Summ. Theol., I, quaest. 45, a. 1, ad 3.

alguma coisa que se faz do nada, e se a nossa subsistência limitada não pode fazer subsistir nenhum ser, isto não é argumento para que a mesma subsistência, a existência de si, a vontade infinita deva ter a mesma impotência. Parece-me, pelo contrário, que o caráter próprio da onipotência deve ser definido por um ato transcendente que será a mesma criação dos seres subsistentes. Antes como depois desta criação, o axioma *ex nihilo nihil fit* é falso no sentido que contestei; é verdadeiro se, reduzindo-o ao seu justo valor, o convertermos no seu equivalente: *não há efeito sem causa.* Certamente que nunca tivemos a intenção de protestar contra esta verdade elementar, pois que investigando a causa primária dos efeitos criados, afirmamos altamente que é Deus o criador de todas as coisas: *Omnia operatus est Deus.*

Está bem, diz-nos outra escola, tendes muita razão em rejeitar o dualismo; a sua divindade mutilada é incapaz de uma perfeição infinita; a sua matéria eterna não pode ter a força de existir já que não tem a força de se mover; é um sistema que revolta o senso comum. Concordamos convosco sobre a causalidade universal de Deus; dizeis bem: tudo procede d'Ele. Não faleis, porém, de operação, se por isto entendeis que Deus produz externamente, e que o mundo é um termo distinto da substância infinita. Esta substância emana de si mesma, os seus modos múltiplos subsistem numa só essência. Isso a que chamamos finito não é mais do que um modo de do ser universal que se expande sem sair da unidade. Logo, esta palavra dos livros sagrados. – *Omnia operatus est Deus* – é falsa; é melhor dizer: – *Deus est omnia;* – Deus é tudo, tudo é Deus.

Senhores, reconheceis por sem dúvida nestas palavras a linguagem de um velho inimigo com o qual nos encontramos quando se tratou da personalidade divina: o panteísmo. Não tenho necessidade de determinar agora as suas formas diversas; basta consignar que o panteísmo suprime a criação propriamente dita em proveito da evolução interna da subsistência universal. Por que procede assim? Não ambiciona ele senão a triste glória da singularidade revoltando-se contra o irresistível instinto que nos diz que temos uma existência própria e determinada, calcando aos pés esse sentimento pessoal que não deixa que sejamos absorvidos por um outro ser por grande que seja? Não o posso crer. O homem nos seus erros é cego antes de ser digno de desprezo; e a maioria das vezes é o entusiasmo de uma grande quimera que lhe perverte o bom senso. O panteísmo alarmou-se, sem motivo, na presença de um mistério que lhe parecia inconciliável com a unidade do ser, e, para salvar esta unidade, inventou o sistema da emanação. Desgraçada invenção, cujo resultado é a negação de um princípio sobre o qual repousa o edifício da certeza. Nesta afirmação: "tudo é Deus", vejo apenas uma unidade meramente nominal; na realidade, o *ser tudo* é um composto odioso de mil coisas contraditórias. Não há distinção essencial entre o infinito e o finito, o perfeito e o imperfeito, o necessário e o contingente, o absoluto e o relativo, o eterno e o temporal, o imenso e o limitado, o imutável e o mutável, o espírito e a matéria, a verdade e o erro, o bem e o mal. Apesar das divergências entre as diversas escolas panteístas, todas concordam na essência do monstruoso erro. A identidade dos contrários, eis a fórmula suprema que consagra o himeneu sacrílego do ser e do não ser. Procurai, entretanto, esse princípio irredutível que é a base dos vossos raciocínios: *Uma coisa não pode ser e não ser ao mesmo tempo*, não o encontrareis. Faltando as luzes da evidência aos vossos conhecimentos, não podeis dizer "sei", mas "duvido". Haverá algum homem sensato que queira a unidade por tal preço?

O dogma da criação estabelece entre o infinito e o finito uma distinção que se pode formular assim: o infinito é todo ser, o finito é composto de ser e não ser; portanto, o finito convém com o infinito em ser, distingue-se dele no não ser. Estabelecida esta definição, ser-nos-á impossível investigar a unidade do ser? Não, senhores; em Deus existe realmente esta unidade. Deus possui todo o ser, pois que tudo que criou vivia n'Ele antes que os séculos começassem a existir: *Quod factum est in ipso vita erat.* Deus possui todo o ser, pois que o número, o peso e a medida das criaturas são uma participação da sua perfeição inesgotável;

Deus possui todo o ser, pois que é a unidade de tudo, e liga entre si, pela sua eterna e imensa simplicidade, todos os momentos de duração, todos os pontos do espaço, todas as operações dos seres criados; Deus possui todo o ser, pois que, faltando-nos a influência perpétua do seu ato criador, o abismo do nada abrir-se-ia para nos engolir; Deus possui todo o ser eminentemente e efetivamente. Esta unidade satisfaz a minha razão e não tenho necessidade de que Deus seja formalmente todos os seres. A unidade que, expandindo-se, se divide, torna-se multidão; a unidade que se expande sem se dividir, conserva a sua grandeza, é a mesma grandeza. É esta a unidade que eu investigo e adoro.

Mas que, dir-me-ão os partidários do Deus-tudo, a vossa unidade não tem, porventura, considerada em si, uma imensa multidão de seres que a limitam? Estes seres são para vós realidades distintas do seu princípio; aceitai francamente as consequências desta distinção e confessai que, ajuntando o finito ao infinito, tal como vós o entendeis, o ato criador produz um aumento da soma geral do ser. Eis precisamente o que queremos evitar, eis porque nós proclamamos a unidade da substância. – A esta objeção poderia responder, senhores, que não se resolve uma dificuldade com um erro, e que o homem de bom senso preferirá sempre um mistério imposto por fatos irrecusáveis a uma hipótese absurda que alue a base dos conhecimentos. Tenho a certeza de que o mundo foi criado, e não posso admitir que a causa do mundo possa confundir-se com o seu efeito; se o incompreensível aparece entre estas duas verdades, submeto-me a elas, não as sacrifico. Vejamos, porém, se é verdade que a unidade divina é limitada, como se afirma, pelas realidades finitas. O limite de um ser não é determinado por todos os caracteres que o distinguem de um outro ser, mas pela independência das outras subsistências com relação à sua subsistência própria. O meu corpo, por exemplo, ainda que distinto da minha alma, não a limita, porque sendo a alma a forma do corpo, é pela alma que o corpo subsiste. Quando uma misteriosa mão vier abrir a porta por onde deve exalar-se o espírito que o anima, o meu corpo deixará de existir; vós fugireis dele e escondê-lo-eis no seio da terra para não assistirdes ao repugnante espetáculo da sua decomposição cadavérica; hoje sou eu mesmo, vós o respeitais, ainda mesmo nas suas enfermidades, por causa da alma que constitui a unidade da minha pessoa. Partindo do centro da minha existência, faço irradiar todo o meu ser, e digo: *eu*, até encontrar subsistências independentes. Vós sois o meu limite, como eu sou o vosso, porque me subsistis em vós, como eu subsisto em mim. Mas se vós não existis senão sob a condição que eu exista, se a minha subsistência é a causa próxima da vossa, se não podeis viver se não fordes penetrados da minha essência e se não estiverdes sujeitos à minha vontade, então, senhores, não sereis o meu limite, eu é que serei o vosso, sou eu que serei de um modo eminente e efetivo a unidade desta grande assembleia. Procurai, pois, no mundo, não os caracteres que o distinguem do infinito, mas a subsistência independente, apresentai-me um átomo, um só átomo, que só a si mesmo deva a sua existência, e eu rejeitarei a unidade divina tal como a concebo para aceitar a que quiserdes inventar.

Em vão revolvereis o universo; o átomo independente é, como a pedra filosofal, impossível encontrar-se. Todo o finito está suspenso, pela vontade de Deus, entre o nada e o ser; esta existência condicional do ser finito é a melhor resposta que se pode dar às imaginações preocupadas com o aumento na soma geral do ser. O ser não é um gênero que domina simultaneamente o infinito e o finito; é um transcendente que se afirma, sob diversos motivos, do criador e das criaturas. Deus é o ser e nós temos o ser; Deus é o ser sem limites, e nós temos um ser limitado; Deus não pode ser mais, e nós podemos ter mais ser; Deus é o ser por si, e nós temos o ser por Deus; Deus não depende de nenhum ser, e todo o nosso ser depende de Deus. De onde se conclui, senhores, que o nosso ser, respondendo constantemente ao infinito por negações, só se pode representar por um zero em presença da unidade divina. Adicionai à unidade uma coluna de zeros, longa como o diâmetro do universo, e a soma total será sempre a unidade. Este mistério de grandeza e de pequenez foi cantado pelo salmista nestas palavras: *Et substantia mea tanquam nihilum ante te.*[253] A minha substância, ó meu Deus, é como o nada diante de vós. Notai bem, senhores; o salmista não diz os meus pensamentos, os meus desejos, as minhas ações, mas a minha vida, a minha própria substância, *substantia mea.*

Na verdade, senhores, tocamos as fronteiras do não ser, atendendo à distância infinita que nos separa do Ser por essência. Ontem saímos do nada, amanhã, se a Deus aprouver, voltaremos ao nada; e ainda que fôramos dotados de todas as perfeições que um ser finito é suscetível, nunca lograríamos a perfeição infinita; não podemos aspirar a ela, nem Deus no-la pode conceder. Não nos inquietemos, pois, com cálculos quiméricos e repitamos frequentes vezes à nossa alma desassossegada estas belas palavras de Santo Agostinho: "Se és sem Deus, serás menor; se com Deus, não será Deus por isso maior. Não é que tu aumentaste a sua grandeza, mas é que a sua ausência que diminui a tua. *Si fueris sine Deo minor eris, si fueris cum Deo major Deus non erit. Non ex te ille major, sed tu sine illo minor.*[254]

Nada tendo que opor a esta unidade do ser, o panteísmo procura nas perfeições divinas incompatibilidades com o ato criador. Não admite que Deus, operando todo inteiro e com soberana onipotência, produza menos do que ele mesmo; e repugna-lhe ver a imutabilidade comprometida pelas relações de tempo com o ser contingente. Se vos afligem, senhores, estes escrúpulos filosóficos eu posso dissipá-los e dar a paz ao vosso espírito.

Considerai primeiramente que um ser operando produz menos do que ele mesmo por duas razões: por fraqueza ou por divisão de forças; isto, evidentemente, não tem aplicação ao ato criador. Mas o panteísmo esquece de propósito a verdadeira razão das processões por via de desigualdade, isto é, de independência. Afirma que todo o ato divino é absolutamente necessário. Remetamo-lo para a nossa demonstração da liberdade infinita, e para os argumentos com que provamos a soberana indepen-

---

253 Sl XXXIII.

254 Tract. XI. In Joannem.

dência de Deus. É desnecessário repeti-los; basta que deduzamos uma conclusão que responde perfeitamente à dificuldade, ei-la: Deus é tão independente com referência aos produtos da sua atividade, quanto é livre na distribuição da perfeição que lhes concede. É livre o homem em dar às suas obras mais ou menos perfeição; e não há de sê-lo Deus com referência às suas obras das quais é soberanamente independente?

Quanto à imutabilidade, não a compreendo, confesso-o, no Deus-tudo, eterno Proteu, cuja vida se gasta em evoluções e irradiações que multiplicam as suas formas; pelo contrário, parece-me que não fica prejudicada se, em vez de um emanador, admito um criador na origem das processões contingentes do ser. Este criador não se confunde com a sua obra: domina-a em toda a altura da sua perfeição. Ora, se observardes atentamente a ação das causas, qualquer que seja a sua natureza, notareis que quanto maior for o domínio de uma causa sobre o seu efeito, tanto menor será o seu movimento para o produzir. É necessária uma tempestade para arrancar do solo uma árvore gigante, mas a atmosfera sem se agitar, e só pela força do seu peso, pode mover uma pequena palha; se quero desviar uma trave que me obstrui o caminho, tenho necessidade de pôr em exercício todo o meu sistema muscular; mas para desviar dos meus olhos um pequeno corpo que me ofusca a vista, bastam-me os dedos. E, baseados nestes fatos da experiência, podemos induzir a seguinte lei: o esforço e o movimento de uma causa para produzir um efeito diminui na razão direta da grandeza da causa com relação ao mesmo efeito. Logo, esse esforço e movimento deve desaparecer completamente na causa suprema de todas as causas e cujo efeito é como nada em relação ao ato que o produz. Pois bem, senhores, sabeis perfeitamente que o sustentáculo de toda a perfeição criada, a substância das coisas, é nada diante de Deus, *substantia mea tanquam nihilum ante te.* Afirmar que Deus é mutável dando a existência às coisas contingentes, é negar a lei da proporção que regula todos os movimentos. Tomemos um outro exemplo para melhor nos convencermos de que o mundo que se pretende converter em arma contra a imutabilidade divina, responde triunfantemente a todas as objeções aduzidas contra esta imutabilidade. Determinamos, com o auxílio da paralaxe, a distância de um astro à terra; é necessário, porém, que possamos construir um triângulo sobre uma base, por menor que seja. Com referência ao Sol, aos planetas e a alguns astros próximos do nosso sistema planetário, a operação surte o seu efeito; não assim em referência à imensa maioria das estrelas. Examinamo-las sobre dois pontos diferentes, e sobre estes dois pontos desce das alturas do firmamento uma só linha exatamente perpendicular, impossível de abrir um ângulo. E, todavia, sabeis a que distância um do outro estão colocados os dois pontos de observação? À distância de seis meses de uma extraordinária velocidade através do espaço, sessenta e oito milhões de léguas, toda a extensão da órbita terrestre. Que sucederia se a estrela observada tivesse um olho, cujo raio visual se estendesse até nós? Sucederia que este olho, sem ter necessidade de fazer o menor movimento, veria, no mesmo ponto, o nosso globo percorrer sessenta e oito milhões de léguas. Perguntais o que tento provar com isso? Tento provar, senhores, que se abstraís das quantidades, se concebeis, por indução, em lugar de distâncias físicas, distâncias metafísicas, deveis dizer: A imutabilidade de Deus, centro eterno e criador, está na razão direta da distância da sua natureza à natureza dos seres finitos sempre em movimento; a distância é infinita, logo, a imutabilidade é absoluta. Não povoeis a vossa imaginação de números fantásticos, não representeis por meio de uma série interminável de séculos durante os quais Deus descansa, um momento em que se determina a operar, longas épocas consagradas à criação e ao governo do mundo, porque tudo isto é puramente quimérico. A eternidade divina corresponde, como um ponto simples, a todas as divisões da duração; os tempos mudam, a duração é imutável.

Como se fez a passagem do imutável ao mutável, do infinito ao finito, isto é, como foi que Deus criou? Eis, senhores, a questão em que se ocupam, mais do que é justo, os espíritos soberbos que não querem adorar nenhum mistério. Exigem que lhes expliquemos o modo como Deus opera fora de si, e não nos podem dizer como é que os seres ao alcance da sua experiência atuam uns sobre os outros. Eia! Dizei-me como é que o Sol atua à distância sobre os planetas; dizei-me como é que o meu querer, que é um ato de uma substância simples, atua sobre o meu corpo que é um composto. Quero fazer um movimento e faço-o; o esforço está nos movimentos, a minha vontade atua sem esforço. Não sai de si mesma, e contudo cria alguma coisa fora de si: um movimento. Este fenômeno parece-vos de pouca monta, mas se o analisardes de perto vereis que ele saltou um imenso abismo, o abismo que separa um simples do composto. Que digo? Foi a minha alma que criou esse corpo movido pela minha vontade.[255] No seio onde fui concebido, o espírito que é por toda a parte em mim, sem estar em parte alguma, apodera-se dos elementos do meu corpo e aperfeiçoa-o lenta, mas seguramente. O embrião torna-se feto; os nervos, os sentidos, os ossos, os membros, os músculos, as vísceras, formam-se lentamente e desenvolvem-se sob a influência do trabalho criador da minha alma. Vivo, é a alma que me faz viver; falo, é a alma que me faz falar. Não explico este mistério, mas sinto-o. Se tomo a ação da minha alma como ponto de partida de uma indução que me leva a um mistério ainda mais profundo, mais impenetrável, mais grandioso, o mistério da criação de todas as coisas por Deus, cuja onipotência não tem limites, não procederei mais razoavelmente do que aqueles que, horrorizando-se diante do mistério, imaginam uma substância universal toda cheia de contradições?

Ajuntemos esta substância com a matéria prima do dualismo; é uma companhia digna dela.

As nossas eliminações são fatos. O ato criador não é nem uma evolução da substância infinita, nem uma simples operação de artista operando sobre uma matéria preexistente; logo, é o ato puro da vontade divina fazendo do nada tudo o que é. Não há outra solução, senhores. Se me disserdes que não compreendeis,

255 A palavra *criar* emprega-se de um modo impróprio quando designa a ação de uma causa finita. Cf. Summ. Theol., I, quaest. 45, aa. 4, 5, 8.

responder-vos-ei invariavelmente: se é verdade que não há efeito sem causa, é forçoso admitir o ato criador. Tendes necessidade de saber em que condições Deus é o vosso princípio; a razão opõe-se a que aceiteis as que o dualismo e o panteísmo vos propõe, não há senão as indicadas por estas duas palavras da Escritura: Deus fez todas as coisas: *Omnia operatus est Deus.* Isto quer dizer: nada preexiste ao mundo senão a sua ideia eternamente contemplada pela sabedoria de Deus na sua mesma essência.[256] Sobre este exemplar incorruptível a vontade divina decreta livre e amorosamente a existência de todos os seres. A onipotência incomunicável começa tudo por um ato sem esforço, por uma palavra sem ruído: o tempo, os espaços, as substâncias, as forças, os movimentos, as formas, as relações, a harmonia, a ordem universal. Fora de Deus, algo começou a existir, a essência de Deus permanece inalterável; existam ou não existam as criaturas, Deus será sempre o Deus de suma bondade, onipotente, perfeitíssimo, santíssimo.

É assim, senhores, que devemos entender o ato criador. Não me demoro mais sobre este assunto, porque é inútil repetir o que já dissemos acerca da ciência e da vontade divina nas suas relações com as criaturas. Prestai-me ainda alguns instantes de atenção; quero fazer-vos conhecer o fim que Deus intentou criando.

II

Para atuar, é de necessidade ter um fim em vista; o fim é o princípio determinante de toda a atividade inteligente. É absolutamente impossível que a sabedoria por essência, presidindo ao ato criador, vendasse os olhos para não ver o fim que o seu ato devia realizar. Deus, princípio, viu pois o termo supremo da sua ação; este termo é ele mesmo, como no-lo ensina a Escritura: *Omnia propter semetipsum operatus est Deus.* Não vos parece isto coisa estranha, senhores; depois do que dissemos do amor puro, benevolente e desinteressado, ao qual devemos o ser, a vida, a inteligência, o amor, o remédio das nossas imperfeições, o perdão

---

256 Cf. Summ. Theol., I, p. quaest. 44, a. 3.

das nossas faltas, todos os benefícios enfim? Negamos então da vontade divina os motivos pessoais que, sem alterar o mérito de nossas ações, diminuem a sua glória; e eis que o próprio Deus parece protestar contra o nosso zelo e dizer-nos que não é tão alheio aos seus interesses como nós supomos; *criou* por causa de si mesmo: *propter semetipsum*. Confesso-vos, senhores, que esta palavra me embaraçaria se a entendesse no sentido grosseiro que alguns interpretes mal avisados lhe deram: "Deus é o fim de tudo, diziam eles, porque tudo deve tornar a ele para que possa, pela unificação dos seres criados na sua essência imutável, gozar dos frutos da sua fecundidade." Este erro, parente próximo do panteísmo, não é, mercê de Deus, o que devemos crer; e Santo Tomás diz-nos que não nos devemos escandalizar vendo que Deus se propõe como fim do ato criador. Escutemos o Angélico Doutor, que a sua luminosa palavra vai esclarecer este mistério. "Todos os seres imperfeitos, diz ele, por isso que são simultaneamente ativos e passivos, devem, operando, intentar adquirir alguma coisa; sendo porém a causa primária toda em ação, não pode intentar adquirir algum bem. O que Ele intenta é comunicar a sua própria perfeição, que é a sua bondade. Toda a criatura que quer ser perfeita tende naturalmente a copiar a perfeição da bondade divina; é assim que a bondade divina é o fim de todas as coisas."[257] *Sic ergo divina bonitas est finis rerum omnium.*

Haverá porventura egoísmo num ato cujo princípio e fim é a bondade? Se Deus não nos criasse, tudo nos faltava; criando-nos, nada ajuntou à sua bondade infinita. É verdade que Deus se satisfaz na manifestação das suas perfeições; mas também é

257 *Respondeo dicendum, quod omne agens agit propter finem. Alioquin ex actione agentis non magis sequeretur hoc quam illud, nisi a casu. Est autem idem finis agentis et patientis in quantum hujusmodi, sed aliter et aliter. Unum enim et idem est quod agens intendit imprimere et quod patiens intendit recipere. Sunt autem quaedam, quae simul agunt et patiuntur, quae sunt agentia imperfecta: et his convenit, quod etiam in agendo intendant aliquid acquirere. Sed primo agenti qui est agens tantum, non convenit agere propter acquisitionem alicujus finis: sed intendit solum communicare suam perfectionem, quae est ejus bonitas. Et unaquaeque creatura intendit consequi suam perfectionem, quae est similitudo perfectionis et bonitatis divinae. Sic ergo divina bonitas est finis rerum omnium* (Summ. Theol., I, quaest. 44, a. 4).

verdade que não se manifesta senão comunicando-se, e, pois que não tem necessidade de se manifestar, é à criatura que, em último resultado, advém toda a perfeição comunicada pelo ato criador. Esta perfeição reconhecida, estimada, admirada e gozada pelos seres inteligentes é a glória de Deus, glória só porque é perfeição; e glória grande só porque o bem é o dom perfeito de um amor perfeitamente desinteressado. Dizei, senhores, para quem havia Deus de criar senão para si mesmo? Se não criasse para si, nada o determinaria a operar, porque fora de si não há senão o nada. Quereríeis vós, porventura, que Deus nos ocultasse a perfeição da sua obra? Mas não a poderia ocultar a não ser que não lhe comunicasse perfeição, e não lha comunicando, nada existiria. Quereríeis vós que Deus obstasse absolutamente a que as criaturas voltassem a Ele como ao seu princípio e que depois de as ter lançado no tempo e no espaço lhes dissesse: Ide, nada me deveis. Gozai como puderdes o bem que vos comunico, nada me agradeçais, nada me peçais? Mas esta criação excêntrica seria simultaneamente uma desordem e uma barbaridade. Uma desordem, porque a perfeição dos seres começaria a existir para nunca lograr a sua plenitude; uma barbaridade, porque as criaturas inteligentes, atormentadas do desejo da felicidade, seriam condenadas a um eterno martírio. Tomai sentido: se desfigurais os desígnios de Deus, se o acusais de ter operado por causa de si na obra da criação, reduzireis o autor de todo o bem ao nível do mais insigne malfeitor, porque não foi para nós, mas contra nós, que nos criou, se não nos criou para ele.

Não atribuais, eu vo-lo peço, não atribuais ao vosso criador uma falsa generosidade que pesaria sobre vós como uma maldição, e escutai a bela e profunda doutrina de Santo Tomás de Aquino: "Deus é o fim do seu ato criador, porque é o seu princípio; a qualidade de ser fim outra coisa não significa senão o ser princípio até o fim, comunicando até o fim a sua própria bondade."[258] Com efeito, uma coisa só tem de ser o que recebe do

258 *In ipso enim est ultima perfectio rationalis creaturae, quod est ei principium essendi.*

seu princípio; por isso, uma coisa não tem a plenitude do seu ser que é a felicidade, senão quando realiza, segundo a sua natureza e por uma perfeita união, a perfeita semelhança do seu princípio. Não é isto porventura o que observais em todos os seres que uma lei sustenta em dependência contínua da sua causa? Não gravita o átomo para o centro que lhe comunica a força de se mover? Não tende a flor para o Sol de onde incessantemente aspira a luz e o calor? Apenas sai da prisão de verdura onde esperava um derradeiro chamamento do astro querido da sua vida, a flor volta-se para ele a fim de receber os ósculos dos seus raios e para lhe enviar, com um sorriso da sua corola que se entreabre, o perfume do seu coração embalsamado. Se a fechais num lugar tenebroso, a pobrezinha extenua-se em esforços heroicos, estende a sua haste estiolada até encontrar uma fenda propícia que lhe dê ensejo para se banhar na luz. Ser encantador, tu revelas-me o mistério do meu destino. O meu astro gerador, o meu Sol é Deus; Deus que me arrancou das entranhas do nada, Deus autor da minha vida, Deus a razão suprema da minha perfeição, por isso mesmo que é o meu princípio. Não, o ato criador não me repele do seu seio; pelo contrário, atrai-me para Ele sem cessar. Se quero ser mais do que sou, não o serei senão por Aquele que me fez o que sou. É pela bondade divina que sou bom, é por ela que serei melhor até à perfeição consumada, até à beatitude, e "deste modo, a bondade divina é o fim de todas as coisas". *Sic bonitas divina est finis rerum omnium.*

Não sentis, senhores, o chamamento supremo desta bondade? Não sentis, nesse lugar íntimo de onde partem as nossas aspirações para a felicidade, o atrativo de um bem superior àqueles que esgotam as nossas insaciáveis ambições? Queremos conhecer, amar e gozar; mas ai! Só encontraremos traições nos objetos imperfeitos e frágeis dos nossos desejos. A ciência? Traição. Quando não é combatida por vis necessidades, quando não nos foge apesar das nossas vigílias e trabalhos, quando não pesa rudemen-

---

In tantum enim unumquodque perfectum est, in quantum ad suum principium attingit (Summ. Theol., I, quaest. 12, a. 1).

te sobre o nosso fraco cérebro, não resplandece nunca com esse brilho vencedor que tranquiliza a inteligência. À presunção dos nossos verdes anos sucede a tristeza resignada da idade madura, convencida alfim à força de conhecer que não se pode saber tudo. O amor? Traição. Quantas vezes não foi enganada a nossa sincera confiança! Quantas vezes não vimos nós romperem-se laços que julgávamos eternos! Quantas vezes o nosso coração rasgado pela dor não se queixou de haver sido profundamente ferido por mãos pérfidas! E se a fortuna quis que as nossas afeições fossem fielmente correspondidas, não tivemos que resignar a separações dolorosas que nos legaram por única herança saudades, gemidos e lágrimas? As honras, a glória, o renome? Traição. Queremos sobressair aos outros, e eis um motivo de perseguições e invejas. Tivemos a sorte de recolher no frágil vaso da nossa vida esse fumo vão do incenso que a mão avara só a custo distribui e que incita a inveja dos outros; um trágico acontecimento nos abate e desonra; apagam-se quarenta anos de glória com uma sentença de três linhas, menos que isto, senhores, com estas três palavras... *et mortuus est*: morreu. Quantas glórias não foram sepultadas por estas três palavras num eterno esquecimento? A riqueza? Traição. Há longos séculos que Mamon existe deitado sobre o mundo que os homens descem sobre ele, como vampiros, para devorarem as férteis entranhas deste gigante. Mas nem todos lograram o seu intento; nem todos saciam a sua fome; a maior parte das vezes a presa foge-lhes, ou o homem morre sem podê-la levar consigo para a sepultura. Mas o coração de Mamon enche a alma de vícios desprezíveis sem poder curá-la da sua desprezível ambição. – O prazer? – Traição, a mais vergonhosa das traições, porque desenvolve os apetites animais com sacrifício da parte nobre da nossa natureza e prepara-nos, aviltando-nos, as dores vergonhosas de uma velhice prematura e de uma morte infame.

Ciência, amor, honras, glória, fama, riquezas, prazeres, ainda que tivéramos fruído todos estes bens simultaneamente, nunca saciaríamos os nossos desejos, porque nos seus desejos, diz um filósofo da antiguidade, o homem vive do infinito.[259] Aproximai-vos desses báratros lendários de que se fala com supersticioso terror; gritai através das trevas que vos ocultam a sua imensidão, e imediatamente acordareis mil ecos adormecidos, que vos dizem que há ali insondáveis profundidades. Eis o homem! Todos os bens deste mundo lançados na sua alma não são mais do que um vão ruído, que fere dolorosamente as paredes de um abismo sem fundo. Assim é que o sábio, depois de ter gostado tudo, exclama com amarga tristeza: "Vaidade de vaidades, é tudo vaidade!" A nossa língua exprime por uma palavra característica essa longínqua revelação da vaidade das coisas humanas: chama-lhe o desengano. Quantos desenganados entre vós, senhores! Quantos cuja vida é um labirinto onde a alma extraviada procura com agonia o fio condutor que perdeu?

Quase que me envergonho de tanto insistir sobre estes lugares comuns da nossa miséria; mas por que é que, advertidos, persistimos sempre em nossos desvios, por que é que esperamos a hora do desengano para escutar a voz que nos diz: procurai o que é do céu e não o que é da terra: *Quae sursum sunt quaerite, non quae super terram?* Ao céu, elevar até lá os nossos desejos é dever e é virtude; é lá o verdadeiro fim dos nossos desejos, o termo da nossa peregrinação. O homem virtuoso goza as inefáveis doçuras da paz. "Nada há que possa abalar o justo, firme nos desígnios que a sua alma forte e generosa concebeu; nem a cólera ardente dos cidadãos que procuram o mal, nem o rosto do tirano em frente dele, nem a tempestade que encrespa as ondas do mar, nem a destra onipotente de Deus que dardeja o raio. Ainda que o universo se desfizesse em pedaços, as ruínas não abalariam o coração impávido do homem justo." Assim cantava Horácio, intérprete de uma filosofia soberba que fazia consistir o fim do homem na virtude. Enganava-se, senhores, porque convertia o meio em fim, o mérito em recompensa. Se a virtude anima e alenta a alma humana, não lhe dá ainda a paz completa. Quase sempre oprimida e desolada, tem necessidade de esperar uma vida me-

259 *Infinito concupiscentiae existente homines infinita desiderant* (Arist. In I, Polit. Cap. VI).

lhor. Sentimos que avançamos para essa vida e este movimento diz-nos eloquentemente que ainda não a alcançamos.[260]

Ao céu: o que é que ainda nos detém? É lá que vive Aquele que devemos procurar enquanto é tempo, *quaerite Dominum dum inveniri potest,*[261] Aquele que devemos procurar antes de tudo, *quaerite primum,*[262] Aquele que devemos procurar sempre, *quaerite semper,*[263] Aquele cujas delícias é necessário gostar para nunca o perder, *quae sursum sunt sapite.*[264] Aquele que é a vida da nossa alma, *quaerite et vivet anima vestra.*[265] Só Deus, que é o bem universal, pode dar à nossa inteligência a ciência de todas as coisas na sua própria luz, ao nosso coração as delícias de um fiel e casto amor, aos nossos merecimentos uma glória imarcescível, aos nossos sentidos nobilíssimos prazeres; só Deus, o eterno que sobrevive ao aniquilamento de todos os bens, e comunica aos que o possuem a sua soberana independência de tudo que foge e passa; só Deus, objeto infinito dos nossos desejos sem limites. Criou-nos para Ele, senhores, *propter semetipsum*, e é Ele que procuramos nos bens grosseiros e subalternos que nos enganam. Nossa alma desanima perante as imagens imperfeitas da perfeição incriada, pois acredita, ó infeliz, que nelas pode encontrar a plenitude da eternidade.[266] Ah! Possam as nossas decepções esclarecer a nossa loucura e arrancar do nosso coração este grito do grande Agostinho: "Criastes-nos para Vós, ó Deus, e o nosso coração vive inquieto enquanto não descansa em Vós: *Fecisti nos ad te, Deus, et irrequietum cor nostrum donec requiescat in te.*"

Deus é, pois, o nosso fim; mas em que condições? Já que determinamos em que condições é Ele o nosso princípio, justo é que saibamos em que condições é nosso fim. Meditai, senho-

---

260 Cf. Summ. Theol., Iª IIª, quaest. 2, aa. 1-8; Ibid.

261 Is LV, 6.

262 *Quaerite primum regnum Dei* (Mt VI, 33).

263 *Quaerite Dominum et virtutem ejus: quaerite faciem ejus semper* (I Cr XVI, 11).

264 Cl III, 2.

265 Sl LXVIII.

266 *Omnia appetunt Deum ut finem appetendo quodcumque bonum, quia nihil habet rationem boni et appetibilis nisi secundum quod participat Dei similitudinem* (Summ. Theol., I, quaest. 44, a. 4, ad 3).

res, sobre a verdade que vou expor-vos terminando; voltarei a ela, para a desenvolver, quando falar da vida eterna. Neste momento nos é necessário pelo menos conhecê-la, porque é de uma importância soberana para a economia do dogma católico que hei de desenvolver. Do modo por que Deus é o nosso fim depende necessariamente o seu procedimento para conosco. Nada compreenderíamos da ação sobrenatural do nosso princípio, se não tivéramos incessantemente diante de nós a verdade central da ordem sobrenatural.

Deus dá-se a nós desde a vida presente, porque se faz conhecer e amar; mas este conhecimento e este amor do tempo, envolvidos em trevas e combatidos por mil desejos imperfeitos, não são evidentemente a última palavra das comunicações da bondade divina. Queremos ainda mais; a ideia e o desejo inato da beatitude exigem o complemento da nossa beatitude, isto é, um conhecimento que satisfaça a nossa inteligência, um amor que sacie o nosso coração. Ora, sem sair da natureza e sem que as suas aspirações fossem ineficazes, o homem podia ser beatificado. Após as tempestades da vida, Deus abriria para o homem um mundo melhor, o porto da imortalidade. Não haveria aproximação de essência entre o criador e a criatura, mas esta, satisfeita em seus desejos pela sua própria natureza, nunca pensaria que fosse possível suprimir os espaços além dos quais a sua perfeição e a sua felicidade seriam consumadas. A união final do homem com seu princípio seria realizada por meios naturais que eu concebo assim: O mundo purificado revelar-nos-ia os seus segredos; adornado de novos esplendores, decomporia, na magnificência das suas formas, a perfeição infinita como o prisma decompõe o raio solar; a alma desligada do invólucro tenebroso da carne veria melhor nas suas luminosas faculdades a irradiação da eterna beleza; o corpo isento de toda a enfermidade, satisfeito nos seus legítimos apetites, submeter-se-ia sem resistência e sem esforço às santas exigências de uma vida superior. Lançado numa doce contemplação, amante fiel de Deus que o visita sob um vestido de glória, inundado de alegria, confirmado na paz, o homem exclamaria: achei para sempre o lugar do meu repouso: *In pace in idipsum requiescam.* Nesta felicidade natural pode imaginar-se uma progressão indefinida, mas de um grau ao outro não pode haver senão uma diferença do menos ao mais; a natureza, como a ordem, tem as suas colunas de Hércules sobre as quais uma soberana mão escreveu o *nec plus ultra* das suas tendências e dos seus esforços.

No entanto vitória, senhores! As colunas de Hércules desmoronaram-se, nós podemos navegar ainda sobre o oceano da felicidade. Onde iremos? Para o infinito. A bondade de Deus quer comunicar-se toda inteira e sem meio termo. Desapareça a natureza e as suas magnificências de empréstimo; a essência divina vem ao encontro da nossa essência, penetra-a, e inunda com a imensa substância de todo o bem o abismo dos nossos desejos: *Replet in bonis desiderium tuum.*[267] A nossa natureza marcou o limite da recompensa devida aos nossos méritos; mas, por uma liberalidade incompreensível e inesperada do nosso princípio, esta recompensa ultrapassa a natureza. Deus prolonga e submerge no oceano da sua perfeição o pobre e pequeno vaso da nossa vida que aspirava a ser repleto: *Ego ero merces tua magna nimis.*[268] É mais do que um excesso de glória num mundo novo e superior a este mundo que habitamos, é a glória incomensurável e no ponto mais sublime que possa atingir não só a natureza criada, senão toda a natureza criável: *Supra modum in sublimitate aeternum gloriae pondus operatur in nobis.*[269] Não vos admireis da violência destes desejos que vos levam a conhecer até a essência das coisas e que parecem exigir a própria revelação da essência divina, causa de todos os seres;[270] Deus, vazando em vossas almas o apetite da felicidade, deu-lhe por norma a sua felicidade infinita. Lamentai os desventurados que, para melhor assegurarem a posse de Deus, confundiram a substância divina com a substância do mundo.

267 Sl CII.

268 Gn XV, 1.

269 II Co IV, 17.

270 Veja-se a minha *Introduction au Dogme Catholique.* Quinta conf. *Des erreurs du rationalisme touchant l'ordre de la foi.*

Sim, lamentai-os, mas não os amaldiçoeis. Enganaram-se miseravelmente para satisfazer uma necessidade imperiosa imposta no princípio pelo mesmo Deus ao homem supernaturalizado. Compreendei por que foi que Deus nos revelou o mistério da sua vida. Este mistério é a luz da nossa razão; é também a nota de chamada que ressoa no fundo da nossa natureza a fim de a preparar para a posse da vida divina.

Possuir a Deus! O finito elevar-se às alturas do infinito! Que estranha pretensão! Estranha, com efeito, senhores, se Deus por sua bondade não tivesse destruído a distância que o separa de nós. Eu não conceberia este mistério só com as forças da minha razão; por isso não é em nome da razão que o afirmo, mas apoiado na autoridade da revelação. Diz-me a razão que me bastam os resplendores da minha natureza; a revelação promete-me outros esplendores: *Transformamur a claritate in claritatem.*[271] Diz-me a razão que não pode ver as coisas senão na sua própria luz; diz-me a revelação que verei a luz na própria luz de Deus: *In lumine tuo videbimus lumen.*[272] Diz-me a razão que não posso conhecer senão sob os véus da sua perfeição comunicada, e no espelho das suas obras; *videbimus nunc per speculum et in aenigmate*[273]; diz-me a revelação que o verei face a face, tal como é: *Tunc videbimus facie ad faciem... videbimus eum sicuti est.*[274]

Ouvistes, senhores? Tal como é, quer dizer, que a sua perfeita simplicidade nos aparecerá sem sombra com a plenitude infinita das suas perfeições; tal como é, quer dizer, que o veremos manifestando-nos as suas inefáveis processões, e que saberemos como é Pai, Filho, Espírito Santo, sem prejuízo da unidade da sua essência; tal como é, quer dizer, que a natureza não terá segredos para nós: contemplaremos na sua própria causa todos os seres existentes e todos os seres possíveis. Procurávamos a luz, eis a luz infinita; queríamos saciar-nos com ver, eis satisfeitos os meus

271 II Co III, 18.
272 Sl XXXV.
273 I Co XII, 12.
274 Ibid.

desejos: *inebriabuntur ab ubertate domus tuae.*[275] Odiosos prazeres da terra, vós sois o prelúdio das orgias de amores criminosos; brilhante e santa contemplação da luz, tu és o prelúdio de castíssimos amores. Um coração casto quer amar uma beleza fiel e sem mácula, e eis que o princípio de toda a beleza se dá eternamente às nossas aspirações. Vem, diz Ele à nossa alma, vem minha amada; e a nossa alma atraída por Ele, como ferro pelo íman, exclama: encontrei alfim Aquele que meu coração ama, é meu, não me separarei dele nunca, porque é insolúvel o laço que nos une: *Inveni quem diligit anima mea, tenui eum nec dimittam.*[276] Queríamos honras, e eis que Deus me faz assentar com Ele sobre o seu trono: Q*ui vicerit dabo ei sedere mecum in throno.*[277] Queríamos a glória, e eis-nos semelhantes a Deus: *Cum apparuerit, símiles illi erimus.*[278] Queríamos prazeres, e eis que somos inundados com uma torrente de prazeres divinos: T*orrente voluptatis tuae potabis eos.*[279] Vivemos em Deus e Deus vive em nós; está consumada a unidade que Jesus Cristo pedia a seu Pai na véspera do seu derradeiro dia: *Ut sint consummati in unum.*[280] E agora compreendo tudo o que há de amor benevolente, puro, desinteressado, nesta palavra: Deus criou tudo para si, porque a bondade divina é, até o último limite do possível, o fim de todas as coisas: *Sic bonitas divina est finis rerum omnium.*

Parece que ouço murmúrios e queixas: dizem-me que nem todos são chamados a gozar dessas comunicações íntimas e perfeitas da bondade divina. Responderei a esses murmúrios e queixas quando resolver as dificuldades acerca do governo divino. Hoje não quero entristecer, com objeções da nossa miséria e da nossa ingratidão, nem as nossas esperanças, nem a vossa admiração. E digo a vossa admiração, senhores, porque tenho a confiança que não falei em vão do ser, das perfeições, da inteligência,

275 Sl XXXV.
276 Ct III, 4.
277 Ap III, 21.
278 I Jo III, 2.
279 Sl XXXV.
280 Jo XVII, 23.

da vontade, da vida íntima de Deus, da sua onipotência criadora e dos excessos da sua bondade para conosco; tenho a confiança de que, sob o véu da minha palavra indigna de tão altos mistérios, vós entrevistes a beleza única e digna de cativar as vossas almas nobres. Se as miseráveis belezas da terra têm o fatal poder de se tornarem amadas a ponto de que os que as amam passam a vida contemplando-as, que será a beleza infinita de Deus? Os santos compreenderam isto, e tudo lhes parecia vil fora do objeto perfeito que arrebatava o seu espírito e o seu coração. Não pretendo elevar-vos até a sublimidade das suas visões, nem até ao fervor do seu amor, mas com toda a ternura vos digo: Meus irmãos, meus amigos, queridos companheiros dos meus trabalhos, vós não conheceis bem o vosso grande Deus; procurai conhecê-lo, para que mais o ameis. O que disse este ano é nada em comparação do que ainda podeis aprender; nada mais fiz do que abrir diante de vós as portas do mundo divino. Entrai neste mundo, avançai sempre, sempre, prometo-vos prazeres que vos compensarão superabundantemente, e dou-vos como garantia estas belas palavras de São Diniz: "Deus eleva quanto possível à contemplação de si, à comunhão de si, à sua semelhança, as piedosas inteligências que, progredindo para Ele com um santo ardor, não ambicionam, num movimento de louco orgulho, mais luz do que lhes foi concedida, e não sucumbem à tentação de uma vergonhosa tibieza; mas que, sem hesitação e sem inconstância, marcham para a luz com que Deus os compensa e, regulando o seu amor pelos dons celestes, seguem as suas inspirações com discrição, fidelidade e coragem."[281]

281 Nomes Divinos. Cap. I, nº 2.

Índex dos Erros Contrários aos Dogmas Expostos neste Volume

Índex dos Principais Erros Contrários aos Dogmas Expostos neste Volume

Sétima Conferência

1º Veja-se a 1 parte: Simplicidade de Deus. Certos hereges dos primeiros séculos da Igreja, tomando à letra as figuras de que os escritores sagrados se serviram para pintar à imaginação os atributos divinos, concluíram daí que Deus tem um corpo semelhante ao nosso. A este erro chama-se antropomorfismo (ἄνθρωπος, homem; μορφή, forma). Santo Agostinho (Lib. I, De Gen. Ad Lit.) julga que Tertuliano caiu neste erro; mas como poderia Tertuliano demonstrar contra Hermógenes que Deus criou a matéria, se tivesse admitido formalmente o antropomorfismo? Não podemos crer que levasse o absurdo ao extremo de julgar que Deus fosse o criador de seu próprio corpo. Todavia é certo que Tertuliano descreve a forma, as paixões, as operações externas da divindade em termos que dificilmente se podem harmonizar com a simplicidade do Ser primário (Cf. Petau. Dogmat. Theol., De Deo. Lib. II, cap. 1).

2º Gilbert de la Porrée, bispo de Poitiers (Século XII) admitiu a distinção real entre Deus e a sua divindade, entre a essência divina e os atributos divinos. Não devemos, pois, dizer apenas, segundo ele, que Deus e a divindade, a essência divina e os atributos divinos são formalmente distintos. Com uma obstinação mais inepta do que culpável, insistia sobre a palavra *realmente* de um modo que comprometia o dogma da simplicidade divina. Duas assembleias de bispos examinaram a sua doutrina em Auxerre e Paris (1147). São Bernardo logrou que Gilbert fosse condenado em Reims em um concílio presidido pelo Papa Eugênio III (1148). Gilbert submeteu-se. Os seus sectários foram menos dóceis do que o seu chefe e sustentaram o seu erro durante algum tempo (Conf. Petau., Dogm. Theol., De Deo, lib. I, cap. 8; Lib. II, cap. 7).

Sob uma forma mais grosseira, os gregos palamistas negaram a simplicidade divina. Gregório Palamas afirmava que em Deus existe uma luz eterna distinta da sua essência (Conf. Petau. Dogm. Theol. De Deo, Lib. I, cap. 12).

O *panteísmo*, sob todas as formas, é uma vasta conspiração contra a simplicidade do ser divino. Veja-se o que dissemos daquele erro na Quinta Conferência (Quaresma de 1873), e a Duodécima Conferência deste volume.

3º Veja-se a 2ª parte: Perfeições de Deus. O Bispo Eunômio, chefe da seita ariana dos *Eunomianos*, afirmava que não se deve admitir distinção alguma, nem ainda nominal, entre os atributos de Deus e a sua essência; que os nomes de que nos servimos para designar as propriedades divinas são vazios de sentido; que todas as noções divinas se reduzem a um só termo: a inascibilidade (ἀγενεσία); que o espírito humano, com o auxílio teste termo, pode conhecer Deus como Deus se conhece a si. Eunômio foi principalmente refutado por São Basílio e São Gregório de Nissa (Conf. Petau. Dogm. Theol., De Deo, Lib. II, cap. 7).

Oitava Conferência

1º Veja-se a 1ª parte: Ciência dos futuros. Cícero e muitos filósofos da antiguidade, no interesse da liberdade humana que queriam subtrair ao destino, negaram a presciência divina com referência aos futuros contingentes. O que é previsto por Deus, dizia o filósofo romano, deve infalivelmente acontecer, logo é necessário. Se os atos humanos são, antes de realizados, objeto da ciência divina, não são livres; donde esta inevitável alternativa: se credes na liberdade, suprimi a presciência. Basta uma simples observação para refutar este sofisma. Deus prevê as coisas futuras como elas devem acontecer, a presciência não muda a natureza delas. Se são livres, Deus as prevê como livres; não são necessárias por ser previstas. Os *marcionitas* e mais tarde os *socinianos* renovaram o erro dos antigos.

2º Veja-se a 2ª parte: As ideias em Deus. Segundo o testemunho de Aristóteles, Platão considerava as *ideias* como arquétipos externos preexistindo à criação do universo, e admitia a substancialidade daqueles arquétipos como formas separadas. As ideias são, com efeito, os arquétipos eternos das coisas; sobre este ponto Aristóteles não rejeita a doutrina de Platão, mas separa-se dele em relação à seguinte afirmação: as ideias subsistem de si e não na inteligência. *Aristoteles improbat opinionem Platonis de ideis, secundum quod ponebat eas per se existentes et non in intelecto* (Summ. Theol., I, quest. 45, a. 1, ad 1).

Alguns críticos platônicos pretenderam que Aristóteles não compreendera a doutrina de Platão; outros que a compreendeu mais que, por inveja, a adulterou. Temos dificuldade em admitir esta dupla acusação. Aristóteles não somente leu as obras de Platão, mas ainda ouviu, durante vinte anos, as explicações do seu mestre. A penetração do seu espírito não podia falhar sobre um ponto que os críticos modernos se gloriam de compreender facilmente. De outra parte, Aristóteles fala de Platão com o maior respeito e declara que não se afastou das suas ideias, porque acima da amizade está a verdade: ἀμφοῖν γὰρ ὄντοὶν φιλοὶν ὅσιον προτιμᾶν τὴν ἀλήθειαν (Ética). Não é esta a linguagem de um crítico invejoso.

São Justino e Tertuliano interpretaram Platão no mesmo sentido que Aristóteles. Santo Agostinho, no seu livro das Retratações, desculpa o grande filósofo: *Nec Plato quidem in hoc erravit, quia esse mundum intelligibilem dixit (Retract. Cap. 3).*

Qualquer que seja a opinião dos críticos, é certo que a doutrina do exemplarismo platônico não foi contestada por Aristóteles na sua parte sã, a saber, que as ideias das coisas existem eternamente na mente divina, mas apenas com referência a este ponto errôneo, isto é, que as ideias subsistem em si mesmas e são formas separadas da essência divina (Conf. Liberatore. Teoria dos Conhecimentos Intelectuais segundo Santo Tomás. Cap. 8. Do Exemplarismo Divino).

1º Veja-se a 1ª parte: Liberdade de Deus. Segundo esta passagem de Sêneca (Lib. De Provident. Cap. 5), "o próprio Júpiter, formador e governador do universo, não só escreveu os destinos, mas segue-os; ordenou uma vez e não há mais que obedecer-lhe." Parece que os estoicos entendiam por Destino o plano de governo formado por Deus; mas um sábio acadêmico demonstrou, numa memória sobre a filosofia antiga, que os estoicos admitiam a existência de uma causa de que Deus não é senhor e que o arrasta nas suas revoluções. Esta causa é o destino, sob o ditado do qual Deus escreveu as leis. Escrevendo-as, mais obedece do que ordena, porque a fatalidade domina os deuses do mesmo modo que os homens. Se Deus é o formador do mundo, não teve força de fazer que o mundo não existisse (Conf. Mem. da Academia das Inscrições. Tom. LVII, in 12, p. 206).

2º Veja-se: Onipotência de Deus. Todos os hereges que admitiram muitos princípios das coisas, *Cerdão, Marcião, Manes*, restringiram o poder de Deus. Manes (240) ensinava a existência de dois princípios ativos, criadores e formadores do mundo; um bom e autor do bem, o outro mau e autor do mal. A matéria é obra do princípio mau. Não devemos confundir o *dualismo* de Manes com o que nós refutamos em nossa conferência duodécima. O *dualismo* de Platão e Aristóteles supõe dois princípios coeternos; um é ativo, o outro puramente passivo e receptivo; pelo contrário, os dois princípios de Manes são ativos e onipotentes na sua ordem respectiva de operações. O *dualismo* maniqueu é um verdadeiro diteísmo.

A doutrina de Manes não é original; foi bebida no Oriente. Manes era persa de origem e mago de profissão. Convertido na idade madura, leu a Escritura e tentou conciliar o *magismo* com o *cristianismo*. Não nos diz Manes de onde vem os seus dois princípios; Zoroastro atribuía a criação destes ao tempo sem limites.

3º Segundo Abelardo, "Deus não pode fazer senão o que convém à sua perfeição, e não pode deixar de o fazer; logo, não pode fazer senão o que realmente fez" (Lib. III, cap. 3. Introd. Theol.). Esta doutrina, que Petau chama *frívola e ridícula*, suprime todos os possíveis. E não somente restringe a onipotência de Deus, mas nega a sua liberdade.

Guilherme de Paris sustenta pouco mais ou menos o mesmo erro. Segundo ele, Deus não pôde criar muito, não porque lhe faltasse poder, mas porque não pode haver mais do que um mundo. É em vão que procuramos as provas de uma tão extravagante doutrina (Conf. Petau. Dogm. Theol. De Deo Deique Proprietatibus. Lib. V, cap. 5 e 6).

Décima Conferência

1º Veja-se a 1ª parte. Resumimos todo o mistério da vida íntima nesta fórmula de São João: *Tres sunt... et hi tres unum sunt.*

Os *Noecianos*, discípulos de Praxeas ou *Patrissianos* e, um pouco mais tarde, os *Sabelianos*, negaram a primeira parte desta fórmula: *tres sunt:* são três.

Sabélio dogmatizava em 260. Ensinava que em Deus há uma só pessoa, o Pai; que o Filho e o Espírito Santo são atributos, emanações, operações da divindade e não pessoas subsistentes. O Verbo é a sabedoria divina, mas existe em Deus como a sabedoria humana existe no homem; o Espírito Santo é o amor divino, mas existe em Deus como o amor humano existe no homem. Deus é como a substância do Sol, o Filho é a sua luz, o Espírito Santo o seu calor. Os sabelianos não empregavam esta comparação como os doutores ortodoxos, pois para eles era adequada. Foi o Pai que, sob a forma de luz, se uniu à natureza humana para operar a redenção do gênero humano; foi Ele ainda que, sob forma de calor, se comunicou aos apóstolos.

Se a natureza humana, à qual se uniu o raio divino, subsistia em si mesma, segue-se que Jesus Cristo nem é Deus, nem filho de Deus. Se o raio divino encarnou realmente, segue-se que foi Deus Pai que sofreu por nós, e deste modo o *sabelianismo* se converteu em *patripassianismo* (Cf. Petau. Dogm. Theol. De Trinitate. Lib. I, cap. 6. Bergier, Diction. Theolog. Noecianos, Praxeanos, Sabelianos, Patripassianos).

2º Veja-se a 2ª parte: Pessoa do Filho. Ário foi um dos mais terríveis inimigos do dogma da Trindade. Todos sabem que foram muitos os estragos que a heresia ariana causou na Igreja. Ário começou a dogmatizar em 319. Sob o pretexto de corrigir uma explicação do mistério da Trindade, dada no Sínodo pelo seu bispo, Alexandre, Patriarca de Alexandria, sustentou que o Filho de Deus não é consubstancial ao Pai; que o Verbo divino fora criado do nada, e dele se serviu Deus para criar o mundo. Por conseguinte, Jesus Cristo era impropriamente chamado Filho de Deus. Condenado em Alexandria por dois concílios, Ário retirou-se para a Palestina, onde começou a agitar o episcopado por meio de cartas, nas quais proclamava a sua doutrina, desfigurando a do patriarca de Alexandria. O Patriarca tratou de se justificar perante os sectários de Ário, e a questão exacerbou-se de parte a parte. Para sossegar os espíritos, Constantino reuniu em Nicéia (325) o primeiro Concílio geral, que anatematizou o heresiarca e o seu erro, e proclamou a doutrina católica anum símbolo ilustre que a Igreja inseriu em sua liturgia.

Ário não se submeteu e foi intrepidamente combatido pelo sucessor do patriarca Alexandre, Santo Atanásio, que não hesitou em incorrer, pela sua indomável constância, no desagrado de Constantino. Ário morreu desgraçadamente em 336. Pouco depois (337) morreu Constantino. O arianismo passou por diversas fases e com fortuna diversa, consoante era ou não favorecido pelos imperadores. Muitas vezes logrou surpreender alguns Concílios por meio de confissões de fé vagas e sutis; mas a fé proclamada em Nicéia triunfava sempre. Graças à cumplicidade dos imperadores, o arianismo lançou profundas raízes em todo o Oriente. Os godos e os vândalos tentaram estabelecê-lo na Gália e na África. Os visigodos importaram-no para Espanha, onde se extinguiu em 660, pela conversão dos reis.

Os arianos dividiram-se logo em *arianos puros* e *semi-arianos*. Estes aceitaram as expressões de que o Concílio de Nicéia se serviu para qualificar o Filho de Deus: *Deus de Deus, Luz de Luz, Gerado antes de todos os séculos*, mas substituíram a palavra ὁμοούσιος que significa *consubstancial* pela palavra ομόιούσιος que significa *semelhante em substância*, entendendo por isto que a substância do Verbo era *semelhante*, mas não *igual* à do Pai. É simplesmente inaudita a astúcia, a perfídia e mesmo a violência que os arianos empregaram para fazer triunfar esta alteração, na qual se ocultava todo o veneno do erro. Assim a Igreja teve todo o cuidado em manter com energia o ὁμοούσιος (*consubstancial*) do o Concílio de Nicéia.

O arianismo reapareceu com o protestantismo. É o erro dos *Socinianos* (Cf. Petau. Dogm. Theol. De Trinitate. Lib. I, cap. 7, ad 13. – Bergier, Diction. De Theol. Arianisme.).

3º Veja-se a 1ª parte: Divindade do Espírito Santo. 2ª parte: A Pessoa do Espírito Santo. Os *Arianos* não se tinham pronunciado abertamente contra a Pessoa do Espírito Santo. Macedônio, bispo ariano de Constantinopla (432), irritado contra os arianos e contra os católicos que o tinham deposto por causa das suas violências, sustentou, apesar dos primeiros, a divindade do Verbo, contra os segundos, a criação do Espírito Santo. Segundo ele, o Espírito Santo não é uma pessoa divina, é uma criatura mais perfeita do que as outras.

Os gregos chamaram aos *macedonianos* de *pneumatômacos* ou inimigos do Espírito, e *maratonianos*, por causa de Maratone, bispo de Nicomédida, um dos principais partidários de Macedônio.

Santo Atanásio e São Basílio escreveram contra os macedonianos, que foram condenados no II Concílio Geral de Constantinopla.

É bom observar que os macedonianos consideram o Espírito Santo um ser real e subsistente semelhante aos anjos e de uma natureza superior à sua, ainda que muito inferior à de Deus. Não devemos, pois, confundi-los com os sectários de Fócio, que negavam a personalidade do Espírito Santo (Cf. Petau. Dogm. Theol. De TTrinit. Lib. I, cap. 14 e 15. – Bergier. Diction. Theolog. Macedoniens.).

4º Veja-se a 2ª parte: Processão do Espírito Santo. Fócio (866), elevado pelas suas intrigas à sede patriarcal de Constantinopla, quis vingar-se da Igreja Romana, que o repudiava, acusando-a de heresia por causa da adição do *Filioque* feita no símbolo pelos latinos. Esta adição é conforme à crença universal da Igreja; mas Fócio torceu as palavras da Escritura e falsificou os textos dos Santos Padres para provar que era falso que o Espírito Santo procede do Filho como procede do Pai. O seu erro foi a causa principal, pelo menos um dos principais pretextos, do cisma dos gregos. Foi examinada, discutida, reprovada, sempre que se tratou da união da Igreja grega com a latina, no quarto Concílio de Latrão (1215), no segundo Concílio de Lião (1274) e no Concílio de Florença (1459). Mas os bispos gregos retrataram com insigne má fé as suas solenes retratações e voltaram ao seu erro, no qual ainda persistem (Cf. Petau. Dogm. Theol. De Trinit. Lib. VII, cap. 115 e seg. – Bergier, Op. Cit. Saint Sprit.).

5º Veja-se a 3ª parte: Da Maravilhosa Unidade das Processões Divinas. Os Santos Padres chamaram à existência íntima das três pessoas uma na outra, apesar da sua distinção (περίχωρησις e ἐνυπαρξις: *circumincessão*, *inexistência*). É impossível não admitir este mistério se quisermos conservar a unidade da natureza divina. Le Clerc, sociniano disfarçado, pretende, na sua História Eclesiástica (Prolog. sect. 3, c. 1§ 11) que os termos de que os Santos Padres se servem exprimem erros, apesar de intentarem combater a heresia. A palavra *circumincessão*, em especial, ofende a ortodoxia; não pode significar, segundo Le Clerc, senão *consciência mútua* das três pessoas. Que quer dizer? Le Clerc não quer que se aplique a Deus a palavra pessoa. Admitir três *pessoas* é, segundo ele, admitir três existências individuais, três deuses. Confirma-se o erro dizendo que estas três pessoas são iguais entre si, porque não se podendo dizer que uma coisa é igual a si mesma, a identidade de natureza exclui toda a comparação. Mas então, como é que a *consciência* é *mútua*, sendo que a mutualidade supõe muitos termos? A consciência, sentimento pessoal, incomunicável de um indivíduo a outro, não pode ser *mútua* entre o Pai, o Filho e o Espírito Santo, se não são três pessoas, e se estas três pessoas não subsistem em identidade de natureza (Cf. Bergier, Diction. de Theol. Trinité).

Undécima Conferência

Veja-se a 1ª parte: Conhecimento e demonstração do mistério da Trindade. Claudiano Mamerto, sacerdote da Igreja de Viena (Século V), ensinou que o mistério da Trindade podia ser descoberto e demonstrado só pela luz da razão, e que Platão se havia realmente elevado até ele só pela força do seu gênio: "Platão, diz ele, pelos seus louváveis esforços, pelo seu gênio admirável, pela sua inimitável linguagem, investigou, achou e desenvolveu o mistério de um só Deus em três pessoas... Não somente ensinou, mas provou de um modo convincente que era necessário crer na Trindade indivisível. *Plato unum Deum et tres in divinitate persona, laudabili ausu, mirabili ingenio, inimitabili elogio quaesivit, invenit, prodidit; ... et indivisam Trinitatem non solum ita credi oportere docuit, sed convicit*" (De statu anim. Lib. II, cap. 7).

Pedro Abelardo (Século XIII) gloriava-se de poder demonstrar com argumentos filosóficos os mais altos mistérios da fé. (Cf. S. Bernardo, Epist. 190)

Raimundo Lúlio, no seu livro *De Articulis Fidei*, e num outro em que trata do gênero de demonstração que chama *a pari*, pretende provar tão claramente o mistério da vida divina que é impossível a um pagão ou a um maometano resistir à sua demonstração. Ricardo de São Victor (De Trinit. Lib. III, cap. 5, e Lib. IX, cap. 1) e Henrique de Gand (Quodlib. VIII, quaest. 18) parecem ter seguido o mesmo erro.

Em nossos dias, muitos teólogos alemães exageraram o poder da razão com referência aos mistérios. Num Breve dirigido ao arcebispo de Munique sobre os erros do Dr. Frohschammer,

Pio IX escreveu estas notáveis palavras: "O autor ensina que a filosofia, se dela formarmos uma ideia exata, pode não somente ter a percepção e a inteligência daqueles dogmas cristãos que são comum à fé e à razão natural (enquanto objeto de percepção), mas ainda daqueles que constituem sobretudo e propriamente a religião e a fé cristã, sustentando que o fim sobrenatural do homem e tudo o que se refere a este fim, e o próprio mistério sagrado da Encarnação do Senhor, são do domínio da razão humana e da filosofia, e que a razão, sendo-lhe dado o conhecimento destes dogmas, pode, pelos seus próprios princípios, elevar-se até eles cientificamente. Ainda que o autor estabeleça alguma distinção entre aquelas duas categorias de dogmas, e não submeta à razão os da última senão em virtude de um direito inferior, ensina clara e abertamente que são, como os outros, do número daqueles que constituem a verdadeira e própria matéria da ciência ou da filosofia. Desta doutrina do autor pode-se e deve-se concluir absolutamente que, mesmo com referência aos mistérios mais ocultos da sabedoria e da bondade divina, e, o que é mais, com referência aos mistérios da livre vontade de Deus, posta a revelação como objeto do conhecimento, a razão pode, por si mesma, não em virtude do princípio da autoridade divina, mas pelos seus princípios e pelas suas forças naturais, chegar à ciência ou à certeza. Ninguém há, por pouco instruído que seja na doutrina cristã, que não reconheça imediatamente que esta doutrina é falsa e errônea. [...] É um sentimento contrário à doutrina da Igreja Católica o do supradito Frohschammer, quando afirma que todos os dogmas da religião cristã indistintamente são objeto da ciência natural ou da filosofia, e que a razão humana, mediante uma instrução puramente histórica, e sendo-lhe propostos aqueles dogmas como objeto de conhecimento, pode, só pelas forças naturais e em virtude do seu próprio princípio, elevar-se a uma verdadeira ciência de todos os dogmas ainda os mais incompreensíveis."

O último Concílio geral do Vaticano fez justiça às pretensões da razão na sua Constituição Dogmática *De Fide Catholica* (cap. IV, De Fide et Ratione). "Além das coisas que a razão pode atingir, diz ele, há mistérios ocultos em Deus que são propostos à nossa crença, mistérios que nós nunca poderíamos conhecer se não fossem divinamente revelados. *Praeter ea ad quae naturalis ratio pertingere potest, credenda nobis proponuntur mysteria, in Deo abscondita, quae, nisi revelata divinitus, innotescere non possunt.*" E no seu primeiro cânone *De Ratione et Fide* anatematiza todos aqueles que pretendem que não há na revelação nenhum mistério verdadeira e propriamente dito, e que todos os dogmas podem tornar-se inteligíveis e demonstráveis mediante os princípios naturais de que se serve a razão cultivada. "*Si quis dixerit, in revelatione divina, nulla vera ac proprie dicta mysteria contineri, sed universa fidei dogmatica per ratione rite excultam e naturalibus principiis intelligi et demonstrari anathema sit.*"

Haverá nada mais oculto em Deus do que o mistério da sua própria vida? Se há mistério verdadeiro e propriamente dito, não será porventura o das processões divinas? Depois destas solenes declarações da Igreja, parece-me que Augusto Nicolas não pode deixar subsistir nos seus Estudos Filosóficos sobre o Cristianismo (2ª parte, cap. IX) as seguintes palavras enquanto não as explicar: "Não temamos avançar: por muito misteriosa que seja esta doutrina (da Trindade), é a única que pode habilitar a razão a formar uma ideia consequente e lógica de Deus. Sem aquela doutrina, a filosofia não tem direito de pronunciar o grande nome de Deus, porque ou a ideia de Deus é um prejuízo, ou designa um ser realmente existente. Neste caso, a razão não pode recusar a Deus aquilo mesmo que realiza a existência de um ser, as relações, e não pode assinalar a estas relações outros termos que não sejam o próprio Deus. Isto parece-nos tão peremptório que, se o homem nunca tivesse recebido a noção do mistério da Trindade, bastar-lhe-ia ter a verdadeira ideia de Deus para chegar, de dedução em dedução, à descoberta daquele mistério contido necessariamente na ideia de Deus."

1º Veja-se a 1ª parte: Dualismo. Antes de Platão e Aristóteles o *dualismo* era professado na Grécia por Tales, o qual ensinava que a água era o elemento primordial de onde saíram todos os corpos e que um espírito infinito, agitando as partes, as dispunha, fazendo-lhes tomar todas as formas sob as quais se metamorfoseava.

Pitágoras que, como Tales, tinha viajado no Egito, na Pérsia, na Caldéia e na Índia, admitia, de um lado, uma inteligência suprema, do outro lado, uma força motora sem inteligência e uma matéria sem movimento e sem forma. A ordem do universo produzida pela inteligência atuando sobre a força cega segundo a ciência dos números. Platão e Aristóteles simplificaram a teoria dos seus antecessores reduzindo a matéria ao estado de pura potência. Eis como se exprime Mr. Amadeu de Margerie acerca do modo como estes dois filósofos entendiam o dualismo: "Há entre eles esta diferença: o Deus de Aristóteles é o princípio da ordem do mundo sem saber que o é, ao passo que o Deus de Platão é verdadeiramente uma providência, no sentido espiritualista e quase cristão da palavra."

"Encerrado no seu pensamento solitário, o Deus de Aristóteles não se abate a conhecer o mundo e nenhuma relação tem com ele. Não atua sobre o mundo por via de iniciação pessoal e a modo de causa eficiente, mas pela presença e a título de causa final, por sua atração moral que Aristóteles chama o atrativo do desejável e do inteligível. É o mundo, é a matéria que, espontaneamente, por um instinto natural, por uma tendência inata para o bem, gravita para Deus e se organiza em relação a Ele; doutrina que se entenderia se Aristóteles a restringisse à ordem moral, ao movimento das almas para o bem que podem amar, porque podem conhecê-lo, mas doutrina absolutamente incompreensível quando pretende explicar a organização do mundo material, isto é, a organização de uma coleção de seres incapazes de pensamento e de amor, incapazes, portanto, de sentir o atrativo do apetecível e do inteligível."

"Platão, pelo contrário, está, nesta questão das relações de Deus com o mundo, tão próximo da verdade quanto se pode estar quando se ignora a palavra total e única do enigma. *Deus*, diz ele na passagem do Timeu, cujas primeiras palavras já citei, *Deus, querendo que tudo fosse bom e que nada houvesse de mau, tanto quanto possível, vendo além disso que as coisas visíveis não estavam em repouso, mas se agitavam com um movimento confuso e desordenado, as tomou do seio da desordem e as submeteu à ordem, julgando que isto era melhor.* Eis o dogma da Providência claramente afirmado, e o motivo soberanamente livre e desinteressado da ação divina claramente apercebida. E isto não é tudo: Platão aproxima-se ainda mais da completa solução do problema. O assunto embaraça-o realmente; prevê que o pretendido concurso que atribui a Deus é realmente contrário ao poder e soberania divina; prevê que a sua existência independente e necessária está em contradição com o espírito de unidade que domina no seu sistema como em toda a metafísica. Quereria prescindir da matéria, e como que a reduz a nada falando acerca dela em termos desdenhosos; chama-lhe *puro receptáculo, gênero informe, difícil de conceber e definir, quase o não ser.* Detém-se, porém, em tão belo caminho e admite que este não-ser existe. Admite igualmente fora de Deus um princípio independente que limita o seu ser e desafia o seu poder. Admite ainda fora de Deus o mundo das almas. Com efeito, negada a criação, aquelas substâncias imateriais e simples só podem ser concebidas de dois modos: ou como porções da essência divina, e isto é o panteísmo, ou como forças independentes de Deus, possuindo, sem as ter recebido, suas faculdades essenciais, não havendo de Deus nem o seu ser, nem a sua organização, nem, por conseguinte, o seu destino, não lhe devendo nada, não tendo a receber dele leis, não tendo que lhe dar contas, consequências extremas que a alta moralidade do Platonismo rejeita, mas que a lógica impõe à metafísica. Assim Platão marcha para a ideia de um Deus criador; o seu espírito a investiga, os seus princípios a invocam; os seus grandes dogmas se ajudam a ela, ainda que o platonismo só se completará aceitando o auxílio do cristianismo. Às vezes parece que se unem, porque a distinção, tão cuidadosamente determinada no platonismo, entre o tempo móbil e a eternidade permanente, entre o que é e o que será, entre a contingência das coisas e a imutabilidade divina, parece aproximar a doutrina de Platão à de Jesus Cristo. Mas o platonismo detém-se no seu movimento de aproximação, e não logra o complemento necessário da sua bela teoria das ideias da Providência" (Teodiceia, Tom. II, cap. II).

Parece-nos que o Mr. De Margerie é excessivamente favorável a Platão em prejuízo de Aristóteles. Não aprovamos o proceder dos modernos que deprimem o discípulo com o fim de exaltar o mestre. O Deus de Aristóteles não é tão estranho ao mundo como se pretende. *Deus*, segundo o grande filósofo, *é para o universo o que o piloto é para o navio, o general para o exército, é pai, conservador e governador de todos os seres.* Veja-se o belo trecho extraído do livro do Mundo, que transcrevemos na nossa terceira conferência (Afirmação da Existência de Deus).

Note-se que Platão e Aristóteles admitem entre Deus e o mundo intermediários, gênios ou demônios, espíritos subalternos e criados, multiplicidade imensa que deriva necessariamente da unidade, o que torna absolutamente incompreensível, em inteligências tão grandes e tão elevadas como as de Aristóteles e Platão, o erro dos dois princípios; porque, consistindo toda a dificuldade da criação na passagem do infinito ao finito, do uno ao múltiplo, do simples ao composto, não se vê, por que é que Deus, tendo podido passar de si mesmo a outros seres, criando o múltiplo inteligente, fosse impotente em relação a este múltiplo inteligente.

2º Veja-se a 1ª parte: Panteísmo. A forma mais clara do panteísmo é a que nos representa o mundo como um vasto animal de que Deus é a alma. Deus, para ser completo, não pode prescindir do mundo, nem o mundo d'Ele. O animal mundo é eterno; só os movimentos, as evoluções e as modificações que se sucedem é que são criadas.

A forma mais sutil do panteísmo é a que coloca no vértice das coisas o *Uno* contemplado no êxtase alexandrino, o *Uno* que não pensa, porque é superior ao pensamento, o *Uno* que não é, porque é acima do ser, termo abstrato e vazio, Deus-nada, donde desce às realidades múltiplas e contraditórias do mundo por meio de evoluções incompreensíveis.

Destes dois termos se deduzem todas as formas do panteísmo, desde o panteísmo grosseiramente materialista dos estoicos até o panteísmo loucamente idealista de Hegel; bem como a substância única de Spinoza, substância infinita da qual é *atributo e modo* tudo que existe, o *eu absoluto e criador* de Fichte, o *absoluto de duas faces* de Schelling, o *absoluto natureza e espírito*, o *absoluto que se realiza no mundo*, o *absoluto que dormita na planta, delira no animal e acorda no homem*, o absoluto, *cuja história no seu conjunto é uma manifestação contínua e sucessiva.*

Hegel nada inovou; chegou, por um movimento fatal, à doutrina insensata de Plotino; rejeitou o ser à unidade suprema, ao absoluto, a Deus; apenas com esta diferença, como observa Margerie, que "no pensamento de Plotino o *um* não é, porque é acima do ser; no pensamento de Hegel o *absoluto* é o *não ser*, porque é acima da realidade." Ajuntemos que Hegel desceu ainda mais baixo que Plotino, porque se esforçou em destruir o próprio fundamento de toda a operação lógica, estabelecendo como princípio a identidade dos contraditórios a fim de obter o *ser-nada* que é a origem das coisas. Para evitar o dogma da criação, as escolas alemãs chegaram a monstruosidades como esta: "O nada tem tanto direito à existência como o próprio ser. O nada é uma categoria mais rica do que o ser."

O espírito humano não pode ficar nesta situação. Depois de terem sido penosamente atreladas ao hegelianismo, as nossas escolas francesas, do mesmo modo que as alemãs, caíram no materialismo ateu (Veja-se a 5ª conferência, Personalidade de Deus, 2ª parte e a 6ª conferência, O Ídolo Contemporâneo).

3º Veja-se 1ª parte, Panteísmo, no fim. Definimos a criação, o *ato puro da vontade divina decretando livremente a existên-*

cia de toda a criatura. Eis como M. Cousin se exprime sobre este ponto: "Deus criou, diz, em virtude do seu poder criador; tirou o mundo, não do nada, que não existe, mas d'Ele, que é a existência absoluta. Sendo o seu caráter eminente uma força criadora absoluta que não pode deixar de atuar-se, segue-se, não que a criação é possível, mas que é necessária; segue-se ainda que Deus criando sem cessar e infinitamente, a criação é inesgotável e conserva-se infinitamente. Há mais: Deus criou consigo mesmo; logo, criou com todos os caracteres que nós reconhecemos e que passam necessariamente às suas criações. Deus é no universo como a causa no efeito, como nós mesmos, causas fracas e limitadas, somos, enquanto causas, nos efeitos fracos e limitados que produzimos; e se Deus é para nós a unidade do ser, da inteligência e do poder, com a variedade que lhe é inerente, e com a relação eterna e necessária dos dois termos que une, segue-se que todos estes caracteres existem no mundo e na existência visível. Logo, a criação não é um mal, é um bem, e assim no-la representam, efetivamente, as Sagradas Escrituras. Viu Deus que a criação era boa. Por quê? Porque lhe era mais ou menos conforme."

Nesta passagem há, não somente uma negação da liberdade divina, mas, se não me engano, um pronunciado sabor de panteísmo.

Índice Analítico

Sétima Conferência
O Ser Divino

Demonstrada a existência de Deus, suscitam-se quatro questões: Qual é a sua natureza? Quais as suas operações? Qual a sua vida íntima? Qual o ato misterioso pelo qual produz fora de si todos os seres? Estas questões são tratadas sucessivamente. O objeto da presente conferência é responder a esta questão: O que é o ser divino? 1º perfeita simplicidade, 2º plenitude infinita. I - Impossibilidade de definir o ser divino, porque não há inteligência que o compreenda. Chega-se ao conhecimento imperfeito da sua natureza pelos mesmos caminhos que nos conduziram à afirmação certa da sua existência. Aplicação destes dois princípios: afirmar do Deus eminentemente tudo o que tem a razão de ser nas criaturas; negar de Deus toda a imperfeição e todo o limite do ser. A negação é mais segura do que a afirmação. Como é que as criaturas são, e como é que Deus é. Como é que as criaturas são compostas, como é de necessidade negar de Deus a composição, a saber: 1º composição corpórea, Deus é puro espírito (explica-se sobre este ponto a linguagem da Escritura); 2º composição de essência e existência, Deus é a sua essência e a sua existência. A simplicidade do ser divino não o reduz ao estado de mônada. Deus chama-se simples porque é tudo o que tem. Trata-se, pois, de saber o que Deus tem para responder satisfatoriamente a esta questão: o que é o Ser Divino? Quer dizer, trata-se de determinar o que é a plenitude divina. II - A plenitude de um ser é a sua perfeição. Por que é Deus perfeito? Rápida notícia da perfeição dos seres. Esta perfeição, em Deus, deve ser supre-

Oitava Conferência
A Inteligência Divina

Décima Conferência
As Processões Divinas

Duodécima Conferência
Deus, Princípio e Fim

A atividade divina não ficou esgotada com as processões do Verbo e do Espírito Santo. Deus produz externamente. Intenta-se demonstrar nesta conferência: 1º em que condições Deus é princípio; 2º a que tende como princípio. Solução destas duas questões nestas simples palavras da Escritura: *Omnia propter semetipsum operatus est Deus.* 1º Deus fez tudo: *omnia operatus est*, eis a natureza do ato criador. 2º por causa de si, *propter semetipsum*, eis o fim. I - Ensino católico; tudo está compreendido sem reserva nesta palavra *omnia*. Deus exerce a sua ação até a própria raiz das coisas: a substância. A este ensino opõem alguns o axioma *ex nihilo nihil fit*. Dualismo proveniente deste axioma. Refutação. 1º com aquele sistema não se pode explicar a existência das substâncias espirituais no mundo. 2º contém enormes contradições e leva ao absurdo. 3º repousa sobre uma indução mal organizada, e sobre um princípio mal entendido. Panteísmo. Rejeita a operação de Deus e substitui o ato criador pela evolução da substância divina, manifestando-se sob diferentes formas. Unidade química procurada pelo panteísmo. O sistema da emanação inventado em proveito daquela unidade que dá em resultado a afirmação da identidade dos contrários e, portanto, a negação do princípio sobre o qual repousa todo o edifício da certeza. Nenhum homem sensato pode querer a unidade por tal preço. Como é que a unidade do ser existe em Deus, mesmo com a distinção que o dogma da criação estabelece entre o infinito e o finito. A refutação das principais objeções do panteísmo: aumento do ser. Limitação do infinito pelo finito. Destruição da onipotência de Deus e da sua imutabilidade, etc. Definição precisa do ato criador. II - Como é que esta palavra *propter semetipsum* pode parecer-nos estranha depois do que se disse, falando da vontade divina, do amor puro e desinteressado de Deus. Bela explicação de Santo Tomás. Deus devia criar-nos para si, já que é sua vontade que nos aperfeiçoemos e